マネージング・ザ・
サプライ・チェイン

Managing the Supply Chain
The Definitive Guide for the Business Professional

D. スミチ・レビ
David Simchi-Levi

P. カミンスキー　著
Philip Kaminsky

E. スミチ・レビ
Edith Simchi-Levi

久保幹雄　監修
Mikio Kubo

斉藤佳鶴子・斉藤　努　訳
Kazuko Saitoh　Tsutomu Saitoh

朝倉書店

Managing the Supply Chain
The Definitive Guide for the Business Professional

by

David Simchi-Levi
Philip Kaminsky
Edith Simchi-Levi

Copyright © 2004 by The McGraw-Hill Companies, Inc.
All rights reserved.
Japanese translation rights arranged with
The McGraw-Hill Companies, Inc.
through Japan UNI Agency, Inc.,Tokyo.

監修者序

　古くからロジスティクス（兵站）は，戦争時における効率的な物資供給の方法論として研究されてきた．兵站の概念は，紀元前200年頃，漢帝国の創始者である劉邦が中原を統一したころに生まれたものであると推測される．当時は，戦争の勝ち負けは前線の兵士たちの能力（特に大将の勇猛さ）によって決まっていたが，劉邦の参謀である韓信が兵站を重視してからは，戦士たちの食料や武器を前線にきちんと運ぶことが，戦争の勝ち負けに大きな影響を与えるようになった．兵站は第二次世界大戦中に連合国によって系統的に研究され，それが戦争の勝ち負けに大きな影響を与えた．戦後，ビジネスにおける兵站学の応用は，物流からロジスティクス，そしてサプライ・チェイン・マネジメントと用語が変化してくるにつれ，文科系の学問から理工学系の学問へと進化してきた．特に，サプライ・チェイン・マネジメントは，情報技術とロジスティクスが有機的に結びついたものであり，最近のeビジネスの中核を成す理論体系になってきている．

　ファイナンスやマーケティングは，理工学的な視点を入れることによって，それぞれファイナンス工学やマーケティング・サイエンスのような新しい学問分野に進化した．たとえば，ファイナンス工学においては，マーコビッツのポートフォリオ選択理論やブラックとショールズのオプション理論が有名であるが，前者は最適化理論，後者は確率微分方程式の理論を基礎として構築されたものである．ロジスティクスも同様に，工学的な視点を入れることによって進化しつつある．これがサプライ・チェイン・マネジメントである．

　本書は，マサチューセッツ工科大学のSimchi-Levi教授たちによる"Managing the Supply Chain ─ the Definitive Guide for the Business Professional ─"の翻訳である．この本では，サプライ・チェイン・マネジメントの最新の動向を，多く

の事例を通して紹介するとともに，工学者の視点からモデルと意思決定支援システムについて簡潔にまとめている．序文にも書かれているように，本書は，同じ著者らによるテキスト "Designing and Managing the Supply Chain"（邦訳：『サプライ・チェインの設計と管理』）から多くの部分を引き継いでいる．本書の目的は，副題の「ビジネス・プロフェッショナルのための」からわかるように，『サプライ・チェインの設計と管理』から重要な部分を抽出し，数学的な記述を避け，ビジネスの場ですぐに使えるようにすることである．そのため，『サプライ・チェインの設計と管理』と重複している詳細については，大幅にカットして翻訳を行った．

カットした原著の章と，対応する『サプライ・チェインの設計と管理』の章の関係は，以下の通りである．

原 著	『サプライ・チェインの設計と管理』
第 2 章　The Value of Information	第 4 章　情報の価値
第 5 章　Supply Chain Alliances	第 6 章　戦略的提携
第 7 章　Product Design and Supply Chain Management	第 8 章　製品設計とサプライ・チェイン設計の統合
第 9 章　Global Issues in Supply Chain Management	第 7 章　国際的なサプライ・チェイン・マネジメントの課題
第 10 章　Information Technology	第 10 章　サプライ・チェイン・マネジメントのための情報技術

なお，本書で触れていないモデルの解き方や最先端の話題については，拙著『経営科学のニューフロンティア 8 ロジスティクス工学』ならびに『実務家のためのサプライ・チェイン最適化入門』を参照されたい．前者は，本書や「サプライ・チェインの設計と管理」より専門家向けであり，意思決定支援システムに内在するアルゴリズムや解析的な結果についてまとめてある．後者は，サプライ・チェインの様々なモデルと筆者らが開発した意思決定支援システムについてまとめてある．

2005 年 8 月

久保幹雄

序

　ここ数年，サプライ・チェイン・マネジメントに対する関心は急速に高まってきており，そしてその傾向はますます顕著になっている．これには，多くの原因が関与している．まず近年，多くの企業が製造費用を事実上可能なかぎり削減していることが明らかになった．企業の多くが，サプライ・チェインをさらに効率的に計画・管理すれば，かなりの削減が可能であることに気がついたのだ．実際に，顕著な例はウォルマートの成功である．これは，ベンダー管理在庫と呼ばれる供給業者と新しい戦略的提携や，クロス・ドッキングと呼ばれる画期的なロジスティクス戦略によるところが大であると考えられている．

　同時に，情報と情報伝達システムが広く導入され，サプライ・チェインのすべての要素を包括したデータが入手できるようになった．特に，インターネットと電子商取引が，経済全般，特にビジネス活動に大きな影響を与えた．例えば，産業界の巨人であるデル・コンピュータやアマゾン．コムは，直販ビジネスモデルを導入し，顧客がインターネットで注文できるようにすることで，他の流通業者や店舗販売に頼らず製品を販売するようになった．さらに，RFID (Radio Frequency Identification) タグのような新技術によって，サプライ・チェイン管理のさらなる改善が可能になってきた．

　1990年代は，外部委託が多くの産業の製造業者から注目されていた．企業は，調達機能から生産・製造機能まですべてを外部委託によって担えると考えていた．もちろん，外部委託にはさまざまな利点もあるが，そこには新たに発生する大きなリスクを伴うことが，ここ数年，アップル，シスコ，ナイキといった企業によって認識されつつある．

　そして，2001年9月11日のワールド・トレード・センターとペンタゴンにおける航空機衝突に実証されるテロリズムの脅威は，サプライ・チェインと製造戦

略に深刻な影響を与えた．短期的な影響（例えば輸送品の紛失，税関通過時の遅れ，通信問題）はわかりやすい．わかりにくいのは，リード時間と需要における不確実性の増加と，その不確実性がサプライ・チェインに与える影響といった長期的な影響である．

そのため，多くの企業がそのサプライ・チェインの分析に必死になっているのも無理はない．しかし，多くの場合，その分析は経験や勘によって行われている．つまり，分析モデルや設計ツールがほとんど使われてこなかったということである．一方，ここ20年ぐらい，研究者の間でサプライ・チェイン・マネジメントを支援するためのさまざまなモデルやツールが開発されてきた．残念なことに，この技術の初期世代のものは，産業界で効果的に使えるほど頑強でも柔軟でもなかった．しかし，その状況はここ数年で変化した．分析や洞察が改善し，効果的なモデルと意思決定支援システムが開発された．しかし，これらはまだ産業界によく知られていないようである．事実，我々の知るかぎりでは，我々の教科書"Designing and Managing the Supply Chain"（邦訳：『サプライ・チェインの設計と管理』）以外にこれらの問題，モデル，概念，ツールについて適切なレベルまで議論している出版物はないようである．

本書では，これらのギャップを埋めるために，サプライ・チェイン・システムの設計，制御，操作，ならびに管理において重要な，最先端のモデル，解決法，洞察，概念を紹介することを目的としている．特に，サプライ・チェインの多くの主要な概念について伝え，サプライ・チェインのさまざまな側面の分析に使用できる，わかりやすい手法を提供するように心がけた．我々は，論理的で簡潔なアプローチに重点を置いた．この本の読者は忙しい人々であろうから，可能なかぎり効率よく主要な考え方を伝えようと心がけた．

もちろん，サプライ・チェイン・マネジメントは非常に広範囲にわたるため，たった一冊の本ですべての重要な話題を深く掘り下げることは不可能であろう．実際に，どの問題が重要であるかについて，学術界や産業界では，さまざまな意見がある．にもかかわらず，我々は，サプライ・チェインの多くの重要な面を広範囲で紹介することを試みた．多くの主要なサプライ・チェイン・マネジメントの話題は相互に関連しているが，可能なかぎりその章だけで内容が完結するようにし，読者が興味のある内容の章を直接参照できるように努めた．

本書での議論は広範囲に及ぶが，まず，「サプライ・チェインの統合」の章では，押し出し型，引っ張り型，押し出し・引っ張り型システムの考え方について述べ，個々の企業における個々の製品に合う，適切なサプライ・チェイン戦略を見つけるための枠組みを紹介する．

　「ネットワーク計画」の章では，以下の三つの話題を扱う．ロジスティクス・ネットワークの設計，在庫の配置と管理，そして資源と活動の効率的な割当である．ここで活動とは，サプライ・チェイン全体にわたる製造，輸送，倉庫管理などを指す．

　「外部委託・調達・供給契約」の章では，外部委託のリスクと恩恵の特徴づけを行い，適切な調達戦略の選択と，外部委託するか自社内で行うかの決定の枠組みを紹介する．この枠組みによって，調達戦略が企業の外部委託戦略と密接に関わっていることを理解できるだろう．また，この章では，供給業者と購入側企業の双方がこの関係から利益を得られるようにするための，効率的な供給契約についても議論する．

　最後に，「顧客価値」の章では，顧客価値がサプライ・チェインに与える影響について議論する．

　本書は，我々が約5年前に書いた教科書を発展させたものである．我々がその本を書いた際の目的は，サプライ・チェインの概念，戦略，モデルについてわかりやすく紹介することであった．その本が，非常に好評であったことは喜ばしいことであった．研究者や企業の専門家から驚くべき反響があった．初版が好評であったことと，新しい概念や科学技術の変化から，2002年に第二版が出版された．これは，初版のよい部分に加え，初版発行以降に我々が知り得たことも含まれている．本書の目的は，その教科書の重要なさまざまな概念やアイデアを厳選し，多忙な管理者やコンサルタントに簡潔明快に提示することである．そのような方々は，サプライ・チェイン・マネジメント全体を学ぶ時間はとれないが，サプライ・チェイン・マネジメントの重要な課題について知りたいと考えているはずである．

　本書にまとめたアイデアの多くは，たくさんのサプライ・チェイン・マネジメントコースと我々が過去数年間ノースウエスタン大学，マサチューセッツ工科大学，カリフォルニア大学バークレー校で行ったサプライ・チェイン管理コースな

らびに管理者教育プログラム，そして莫大な数のコンサルティングプロジェクトとLogicTools社（www. logic-tools. com）で開発したサプライ・チェイン意思決定支援システムから生まれたものである．これらのコースは，革新的で効果的なサプライ・チェイン教育概念を生み出してきた．これらのプログラムの焦点は，最近開発されたサプライ・チェインの設計，制御，操作に重要となる最先端のモデルと解決法を簡単に使えるように，紹介することにあった．同様に，コンサルティングプロジェクトとLogicTools社によって開発された意思決定支援システムは，これらの先進技術を我々の顧客が直面している問題の解決に適用することが焦点だった．ここ数年，我々はこれらのコースにモデルや技術を組み込み，さらにこれらの技術に観点を加え，モデルと解決法を統合する枠組みを開発し始めている．

本書は，我々の教科書である"Designing and Managing the Supply Chain"（邦訳：『サプライ・チェインの設計と管理』）に大きく基づいている．この本は，部分的に我々やその他のメンバとともに行った次の研究に基づいている．"The Logic of Logistics"（Julien Bramel, David Simchi-Levi 著，Springer, 1997），"Quantitative Models for Supply Chain Management"（Sridhar Tayur, Ram Ganeshan, Michael Magazine 著，Kluwer Academic Publishers）の Chen, Drezner, Ryan, Simchi-Levi の論文，"The Practice of Supply Chain Management"（C. Billington, T. Harrison, H. Lee, J. Neale 著，Kluwer Academic Publishers）の二つの論文，一つ目は本書の1番目と3番目の著者による論文と，もう一つは本書の著者達とM. Watsonの論文である．

謝　　辞

この本の作成に際し，さまざまな形でご助力頂いたすべての方に感謝致します．マサチューセッツ工科大学（MIT），カリフォルニア大学バークレー校，LogicToolsの仲間達に感謝致します．彼らの素晴らしい知性が，我々の研究に影響を与え，彼らの研究と洞察から学ぶ機会を得ることができました．中でも特に，Simchi-Leviがここ2年間共同してきたMITのCharles H. Fine教授とStephen C. Graves教授，LogicToolsのMichael S. Watson博士には感謝致します．

またリハイ大学の Larry Snyder 博士の貢献にも感謝致します.

　最後に，このプロジェクトを取り上げ，長い道のりや計画変更を支えてくれたことを Catherine Dassopoulos に感謝致します．そして，出版に際して素晴らしい働きをしてくれた Daina Penikas とそのスタッフ達に感謝致します．

著者紹介

◆ David Simchi-Levi ◆

マサチューセッツ工科大学のシステム工学科の教授．LogicTools 社の共同創立者で会長．供給，ロジスティクス，輸送に関する彼の研究において数々の賞を受けている．Simchi-Levi 博士は，ロジスティクスとサプライ・チェイン・マネジメントの背後にある理論を説明した"The Logic of Logistics"の共著者である．

◆ Philip Kaminsky ◆

カリフォルニア大学バークレー校の生産工学の助教授．サプライ・チェインと生産管理のコンサルタントとして世界的に有名である．

◆ Edith Simchi-Levi ◆

LogicTools 社の共同創立者でオペレーション副社長．ロジスティクスとサプライ・チェイン・マネジメントのコンサルティングのみならずソフトウェア開発の経験も豊富である．

目　次

第1章　はじめに …………………………………………………………… 1
1.1　サプライ・チェイン・マネジメントとは何か？ ……………………… 1
1.2　大域的最適化 ……………………………………………………………… 4
1.3　不確実性の管理 …………………………………………………………… 5
1.4　なぜサプライ・チェイン・マネジメントが必要なのか？ …………… 7
1.5　サプライ・チェイン・マネジメントにおける主な課題 ……………… 13
1.6　本書の目的と全体像 ……………………………………………………… 18

第2章　サプライ・チェインの統合 …………………………………… 19
2.1　はじめに …………………………………………………………………… 19
2.2　押し出し型，引っ張り型，押し出し・引っ張り型システム ………… 20
　2.2.1　押し出し型サプライ・チェイン ………………………………… 20
　2.2.2　引っ張り型サプライ・チェイン ………………………………… 21
　2.2.3　押し出し・引っ張り型サプライ・チェイン …………………… 22
　2.2.4　適切なサプライ・チェイン戦略の発見 ………………………… 24
　2.2.5　押し出し・引っ張り型戦略の導入 ……………………………… 26
2.3　需要主導型戦略 …………………………………………………………… 29
2.4　サプライ・チェイン戦略におけるインターネットの影響 …………… 31
　2.4.1　eビジネスとは何か？ …………………………………………… 36
　2.4.2　食品産業 …………………………………………………………… 36
　2.4.3　書籍出版業 ………………………………………………………… 37
　2.4.4　小売業界 …………………………………………………………… 38
　2.4.5　輸送と納品への影響 ……………………………………………… 39

2.5 ロジスティクス戦略 …………………………………………………40
　2.5.1 直接配送 …………………………………………………………41
　2.5.2 クロスドッキング ……………………………………………42
　2.5.3 在庫転送 …………………………………………………………44
2.6 集中管理 対 分散管理 …………………………………………………45
2.7 集中型施設 対 分散型施設 ……………………………………………46
2.8 まとめ …………………………………………………………………47

第3章　ネットワーク計画

3.1 はじめに ………………………………………………………………49
3.2 ネットワーク設計 ……………………………………………………50
　3.2.1 データ収集 ………………………………………………………52
　3.2.2 モデルとデータの妥当性の検証 ………………………………61
　3.2.3 解決のための手法 ………………………………………………63
　3.2.4 ネットワーク構成のための意思決定支援システムの重要な特徴 …64
3.3 在庫管理 ………………………………………………………………65
　3.3.1 需要の不確実性の影響 …………………………………………68
3.4 戦略的安全在庫 ………………………………………………………72
　3.4.1 戦略的安全在庫の実例 …………………………………………72
　3.4.2 まとめ ……………………………………………………………78
3.5 資源の割当 ……………………………………………………………80
3.6 まとめ …………………………………………………………………85

第4章　外部委託・調達・供給契約

4.1 はじめに ………………………………………………………………87
4.2 外部委託の利益とリスク ……………………………………………90
4.3 外部委託か自社製造かを決定する枠組み ……………………………92
4.4 電子調達 ………………………………………………………………95
4.5 電子調達の枠組み ……………………………………………………101
4.6 供給契約 ………………………………………………………………105

4.7 まとめ……………………………………………………………109

第5章　顧客価値 ……………………………………………………111
5.1 はじめに……………………………………………………111
5.2 顧客価値の切り口…………………………………………114
　5.2.1 要求に対する適合……………………………………114
　5.2.2 製品の選択……………………………………………117
　5.2.3 価格とブランド………………………………………121
　5.2.4 付加価値サービス……………………………………123
　5.2.5 関係と体験……………………………………………125
　5.2.6 切り口と卓越性の実現………………………………129
5.3 戦略的価格決定……………………………………………130
　5.3.1 収益管理………………………………………………131
　5.3.2 賢い価格決定…………………………………………134
5.4 顧客価値の評価尺度………………………………………138
5.5 情報技術と顧客価値………………………………………142
5.6 まとめ………………………………………………………147

文　献……………………………………………………………………149
索　引……………………………………………………………………153

第1章

はじめに

◆ 1.1 サプライ・チェイン・マネジメントとは何か？ ◆

　今日の世界市場における非常に厳しい競争，ライフサイクルがより短い製品の導入，そして顧客要求の高まりにより，企業は，独自のサプライ・チェインに注目し投資せざるを得なくなってきている．このことは，情報通信や輸送技術（例えば，移動体通信，インターネット，翌日配達）発達の追い討ちもあって，サプライ・チェインとそれを管理する技術の継続的な進化をもたらしてきた．

　典型的なサプライ・チェインでは，原材料を調達し，1カ所または複数の工場で商品を生産し，倉庫に輸送し中間在庫とし，その後，小売業者や消費者に出荷される．したがって，費用を削減しサービスレベルを向上させるには，サプライ・チェイン内のさまざまな段階における相互作用を考慮して，効果的なサプライ・チェイン戦略を立てなければならない．サプライ・チェインとは，ロジスティクス・ネットワークと呼ばれることもあり，供給業者，製造拠点，倉庫，配送拠点，小売業者，それから各施設間を流れる原材料，仕掛品在庫，製品在庫で構成される（図1.1参照）．

　本書では，効果的なサプライ・チェイン・マネジメントに重要な，概念，洞察，実用的な方法，意思決定手法を紹介して説明する．まず，サプライ・チェイン・マネジメントとは正確には何であろうか？我々は次のように定義している．

　サプライ・チェイン・マネジメントとは，供給，生産，倉庫，店舗を効果的

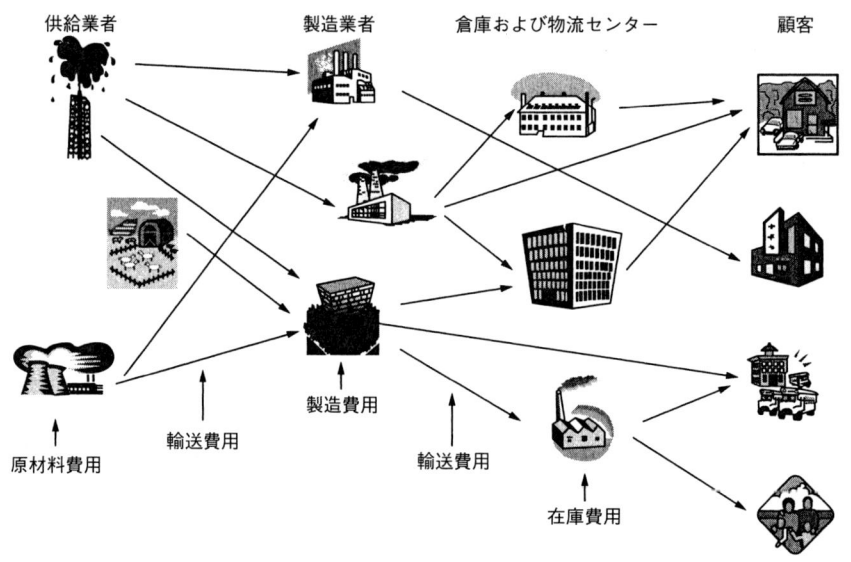

図 1.1 ロジスティクス・ネットワーク

に統合するための一連の方法であり，適切な量を，適切な場所へ，適切な時機に生産・配送し，要求されるサービスレベルを満足させつつ，システム全体の費用を最小化することを目的とする．

　この定義から，いくつかの注目すべき点がみてとれる．第一に注目すべき点は，サプライ・チェイン・マネジメントは，費用に影響を与え，消費者要求に合った製品を製造する役割を担うすべての施設を考慮に入れている．つまり，供給業者にはじまり，製造施設，倉庫，配送センター，小売業者や店舗に至るまですべてである．

　実際には，サプライ・チェイン分析において，供給業者の供給業者，顧客の顧客を考慮することが必要な場合がある．なぜなら，それらもサプライ・チェインに影響を与えるからである．第二に注目すべき点は，サプライ・チェイン・マネジメントの目的は，システム全体にわたって，効率をよくし，費用効果を高くするということである．つまり，原材料，仕掛品，完成品の輸送および配送費用から在庫管理費用まで，システム全体の費用を最小化することである．このように，強調すべき点は，単に輸送費用削減や在庫削減にあるのではなく，むしろ，シス

テム全体の取組みとしてサプライ・チェイン・マネジメントを行うことにある．

そして最後に，サプライ・チェイン・マネジメントは，供給業者，製造業者，倉庫，小売業者を効率よく統合することに主眼をおいているため，戦略レベルから，戦術レベル，運用レベルまで，企業のさまざまな活動レベルを包含しているということである．

では，ロジスティクス・マネジメントとは何か？　サプライ・チェイン・マネジメントとロジスティクス・マネジメントの違いは何だろうか？　この質問に対する答えは，答える人によって違ってくると思われるが，本書では，サプライ・チェイン・マネジメントとロジスティクス・マネジメントを区別していない．事実，我々のサプライ・チェイン・マネジメントの定義は，ロジスティクス管理協議会によるロジスティクス・マネジメントの定義に類似している．

> 顧客の要求に対応するために，生産地から消費地に至る，原材料，仕掛在庫，完成品，および関連情報の，効率的で費用対効果の優れた流れおよび保管について計画，実行，管理するプロセス．

サプライ・チェイン・マネジメントの難しい点とは何か？　本書において，さまざまな要因について論じていくが，それらのすべてが，次に挙げる課題のどちらか，あるいは両方に関連している．

① サプライ・チェインを設計し機能させ，システム全体の費用を最小化し，システム全体のサービスレベルを維持するということは，非常に困難である．事実，単一施設でさえ，費用を最小化しサービスレベルを維持することは，困難な場合が多い．システム全体を考慮する場合は，難しさは急激に増す．システム全体に最適な戦略を見つける手法は，大域的最適化として知られている．

② 不確実性は，どのサプライ・チェインにも内在する．つまり，顧客需要は，正確に予測できないし，移動時間は決して確定的ではない，そして，機械や輸送手段も故障することがある．サプライ・チェインは，できるかぎり多くの不確実性を排除し，排除できないものにはうまく対処できるように設計される必要がある．

次の二つの節で，両方の課題について詳しく説明する．

◆ **1.2 大域的最適化** ◆

　組織全体に対して，大域的に最適かつ統合された解を見つけることを困難にしているものは何か？これから挙げる多くの要因が問題を難しくしている．

　1）サプライ・チェインは，広い地域に施設が分散し，複雑なネットワークになっている．施設が世界中に広がっている場合も多い．次の事例では，今日の世界的企業における典型的なネットワークについて説明する．

> **事例　1-1**
>
> 　ナショナル・セミコンダクター（National Semiconductor）は，モトローラ（Motorola, Inc.）やインテル（Intel Co.）と並び，世界で最も大きな半導体チップメーカーの一つである．製品は，ファックス，携帯電話，コンピュータ，車に使用されている．現在，この企業は，四つのウエハー（集積回路の基板）製造施設を持ち，そのうちの三つは米国に，一つは英国にある．また，テストと組立を行う施設をマレーシアとシンガポールに所有している．製品は，組立完了後に，コンパック（Compaq），フォード（Ford），IBM，シーメンス（Siemens）といった世界中にある何百もの製造施設に出荷される．半導体産業の競争が激しいため，短いリード時間で決められた納期内に納められることを確約できるかどうかが重要である．1994 年には，ナショナル・セミコンダクターの顧客の 95％が注文から 45 日以内に製品を受け取っていたが，残り 5％は 90 日以内であった．このように厳しいリード時間を満たすためには，12 の航空会社による約 2 万種類の経路を使用する必要があった．もちろん，困ったことに，顧客は，自分が 90 日以内に受け取る 5％の顧客になるのか，45 日以内に受け取る 95％の顧客になるのか，前もって知ることができなかった[1]．

　2）サプライ・チェイン内のそれぞれの施設が，それぞれ相容れない，異なる目標を掲げている場合が多い．例えば，たいてい，供給業者は，製造業者に対し

納期に余裕を持たせた大量安定供給をさせてくれることを望んでいる．残念なことに，製造業者は，（同一製品を）長期間製造したいが，顧客のニーズや需要の変化に柔軟である必要がある．このように，供給者の目標は，製造業者が望む柔軟性とはまったく相容れないものである．事実，通常，生産決定は，顧客需要の正確な情報なく決定されるため，供給量と需要量を一致させるには，需要情報が報告されたときにそれに合わせて供給量を変更する能力が重要になる．同様に，まとめて大量生産したいという製造業者の目標は，倉庫や配送センターの在庫削減という目的に相反している．さらに悪いことに，後者の在庫レベル削減という目標は，輸送費用の増加を意味している場合が多い．

3) サプライ・チェインは，時間によって変化する動的モデルである．実際に，顧客需要や供給業者の供給能力が変化するだけでなく，サプライ・チェインの関係も時間によって変化する．例えば，顧客の力が強まるにつれ，製造業者と供給業者に対し，非常に多様性に富んだ高品質製品を製造しなければならないというプレッシャーが強まり，最終的には，顧客の要望に合わせた製品を製造するようになる．

4) 時間によるシステムの多様化は，考慮すべき重要な点でもある．たとえ，需要が正確にわかる（例えば，契約で決められている）場合でも，計画段階では，季節による変動，流行，広告や販売促進活動，競合他社の価格戦略などの影響を受けて時間によって変動する，需要と費用要因を考慮する必要がある．これらの時間によって変わる需要と費用要因が，システム全体の費用を抑えつつ顧客要求を満たすという，最も効率のよいサプライ・チェインの決定を難しくしている．

◆ 1.3 不確実性の管理 ◆

サプライ・チェインは，確実性のない環境の中で設計され実行されるため，大域的最適化を，非常に難しくしている．

① 供給量と需要量の一致が主要課題である．

　a) ボーイング社（Boeing Aircraft）は，1997年10月に，26億ドルの減収を発表した．原因は，原材料不足，部品の供給不足，生産性の低さなどであった[2]．

b) U. S. サージカルコーポレーション（U. S. Surgical Corporation）は，第2四半期の売上が25％減少し，2,200万ドルの損失となった．在庫が病院の棚に予想以上にあったためであると考えられる[3]．

c) IBM の New Aptiva PC が売切れとなった．このことによる損失は数百万ドルに及ぶだろう[4]．

明らかに，製造業者は，需要を数カ月前に予想し，特定の生産レベルにするように動かなければならない．このように，事前に方針決定をすることには，経済的にも，供給量の面からも，非常に大きなリスクがあることを意味している．

② 在庫とバックオーダー（入荷待ち）レベルは，たとえ特定の製品の需要が大きく変化しないとしても，サプライ・チェイン全体をかなり変動させる．この問題をわかりやすく説明するために，図1.2を考えてみる．これは，典型的なサプライ・チェインにおいて，物流業者から工場への注文のほうが，下のグラフにある小売業者での需要よりはるかに変動していることを示している．

③ 予測では問題は解決しない．実際に，「予測はいつも間違っている」という

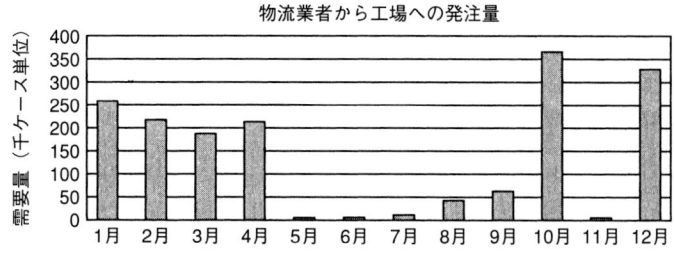

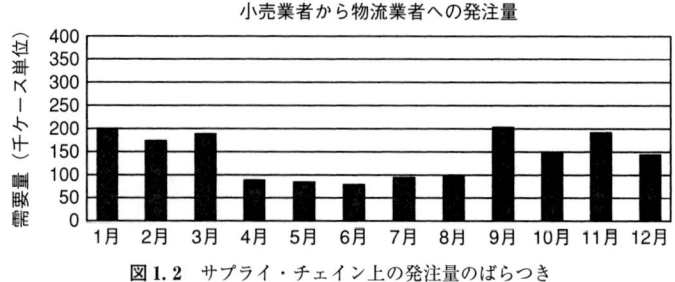

図1.2　サプライ・チェイン上の発注量のばらつき

全予測に共通する原則がある．このように，たとえ最新の予測技術を使ったとしても，特定品目の正確な需要を予測することは不可能である．
④ 需要だけが不確実性の要因ではない．配送リード時間，生産高，輸送時間，構成要素の稼働率もまた，サプライ・チェインに大きな影響を与える．サプライ・チェインが大規模で地理的に広範囲になればなるほど，自然災害，人為的災害が与える影響も増大する可能性がある．

事例　1-2

1999年9月，台湾で巨大地震が起こり多大な被害を被った．まず，台湾の80%が停電した．ヒューレット・パッカード（Hewlett-Packard）やデル（Dell Computer Co.）のような台湾の製造業者からさまざまなコンポーネントを調達している企業は，供給停止の影響を受けた[5]．同様に，2001年1月26日に起こったインドのグジャラートでの地震の影響で，インドからの織物の輸送が遅れ，多くの米国アパレル企業に影響を与えた[6]．

不確実性は排除できないが，サプライ・チェイン内の不確実性の影響を極力小さくする方法を模索することはできる．サービスレベルの維持と向上のためにサプライ・チェイン提携者が応用可能な戦略を見つけることができる．

◆1.4　なぜサプライ・チェイン・マネジメントが必要なのか？◆

1980年代に，企業は，費用削減とさまざまな市場での競争力を身に付けるために，新しい製造技術と戦略を発見した．ジャストインタイム生産，カンバン方式，リーン生産，総合品質管理といったものがよく知られている．そして，これらの戦略を実行するために，莫大な資源を投入した．しかしながら，ここ数年間，多くの企業が，事実上可能なかぎりの製造コストを削減してしまった．そのうちの多くの企業が，利益の増加と市場シェア拡大のために次に必要なことは，効果的なサプライ・チェイン・マネジメントだということに気づき始めている．

実際に，1998年に米国企業は，米国GNPの10%にあたる8,980億ドルもの資

金をサプライ（供給）関連活動に投入した．2000年中には，この費用が1兆ドルを超え，2001年には9,570億ドル，2002年には9,100億ドルに減少した[7]．この数字は，サプライ・チェイン内の製造工場，倉庫，各構成要素間にある製品と製造中の製品の移動，保管，管理費用を含んでいる．残念なことに，この巨額の投資には，余剰在庫，効率の悪い輸送，その他の徒労となった活動による無駄な費用が含まれているものである．例えば，食料品店の年間作業費の10%にあたる300億ドルを，より効率のよいサプライ・チェイン戦略を用いることで削減できると信じている専門家もいる[1]．

この問題をわかりやすく説明するために，次の二つの例について考えてみる．
① 一般的なシリアルは，工場からスーパーマーケットに届けられるまでに3カ月かかっている．
② 一般的な新車は，工場からディーラーに届くのに平均15日かかっている．このリード時間のうち実際に輸送されている時間をみると，わずか4〜5日間にすぎない．

このようにサプライ・チェイン内には多くのコスト削減の機会がある．驚くことなかれ，多くの企業において，これまでもずっと，効果的なサプライ・チェイン・マネジメントによって歳入を増やし費用を削減することが可能だったのだ．

事例　1-3

プロクター＆ギャンブル（Procter & Gamble：P&G）は，この18カ月間にわたるサプライ・チェインの見直しによって，最終顧客の6,500万ドルを削減した．「P&Gによれば，これには，製造と供給が密接に協働し，業務計画を立て，サプライ・チェイン全体にわたる浪費要素を排除したことが重要だった[8]．」

この例から，製造業者と供給業者の**戦略的提携**は，サプライ・チェイン全体に大きな影響を与えることがわかる．つまり最もコストを削減し，サービスレベルを向上させる業務計画，提携とはどのようなものだろうか？　特定の状況にはどちらの手法が適切だろうか？　提携を成功させるには，どのようなインセンティ

ブ（動機づけ）や評価尺度が必要なのか？　戦略的提携の結果として得られた利益をどのように分配するのか？　削減された費用は，消費者に還元するのか，提携者間で分配するのか，功労者（最も影響を与えたもの）が受け取るのか？

事例　1-4

2年間に，ナショナル・セミコンダクターは，世界各地にある6カ所の倉庫を閉鎖し，シンガポールの新しい中央集中管理の配送センターから顧客にマイクロチップを空輸する方法で，配送費用を2.5％削減し，配送時間を47％短縮し，売上を34％伸ばした．

もちろん，空輸に切り替えたことで，ナショナル・セミコンダクターの輸送費用は著しく増加した．この増加分は，複数の倉庫で在庫の分散管理から，単一倉庫での集中管理システムに切り替えたことによる在庫費用削減により相殺されることとなった．この例から次のような疑問が浮かぶ．在庫費用と輸送費用の適切なトレードオフとは何であろうか？

事例　1-5

ナビスコ（Nabisco, Inc.）は，500種類のクッキーと，1万種類以上のキャンディーを8万以上のバイヤーに販売し，年間2億ドルもの輸送費を費やしている．残念なことに，搬入搬出を行うにあたり，あまりに多くのトラックが半分空の状態であった．そのため，ナビスコは，先駆けとなって，協働ロジスティクスに取り組み，他社とトラックや倉庫スペースを共有して，ロジスティクス費用を削減しようとしている．最近の実験において，ナビスコは，倉庫とトラックを他の25の製造業者と共有し，これには，ドール（Dole）やリー＆ペリンズ（Lea & Perrins）も含まれていた．注文数が8,000件のある実験においては，食料雑貨店のラッキーストア（Lucky Stores）が480万ドルの在庫費用を削減した．ナビスコ自体も，7.8万ドルもの輸送費を削減し，実験に参加したすべての製造業者を含めると，90万ドル近く節

約できた[9].

　もちろん，こういった他社との協力には，高度な情報システムが必要であり，多くの危険性も含んでいる．この取組みを成功させるには，どのようなシステム（手法）が必要だろうか？　どのような場合にこのような複雑な提携を結んだらよいのか？

事例 1-6

　デイトン・ハドソン（Dayton Hudson Co.）を親会社に持つ，大型小売チェーンのターゲットストア（Target Stores）では，供給業者と巧妙な関係を結んでいる．ターゲットは，例えば，スタイルや色を指定せずに，特定数のイタリアンボウルを納入してもらえるように陶器製造業者と契約を結ぶ．納期が近くなると，ターゲットは，売れそうなスタイルを知らせる．その情報に基づいて，製造業者は試作品を作り，そのスタイルが実際に売れるかどうか確かめるために，いくつかのターゲットストアで販売してみる[10].

　明らかに，こういった柔軟性により供給業者のサプライ・チェインは複雑化する．しかしなぜ，供給業者はこういった取組みに合意したのか？　ターゲットは，この柔軟な注文方法によりどの程度得をしたのか？　ターゲットは，柔軟性の対価として陶器の単価を多く支払うのか？　もしそうなら，どの程度なのか？　最後に，このレベルの柔軟性を支えるために，ターゲットとその供給業者は，どのような情報システムを導入する必要があるのか？

事例 1-7

　1979年，Kマート（Kmart）は小売業界の大手企業であり，1,891の店舗を持ち，1店舗当たりの平均収益は725万ドルであった．一方，その当時ウォルマート（Wal-Mart）は229の店舗しかなく，平均収益がKマートの半分ほどの，南部の弱小企業だった．しかし10年のうちにウォルマートは変

貌を遂げた．1992年には，売り場面積当たりの最高売上を記録し，どのディスカウント小売業者よりも在庫回転率と営業利益が高かった[11]．そして今や，ウォルマートは，世界最大の小売企業である．事実，2003年1月の年末売上は，2,445億ドルであり，従業員数は米国最多となった．ウォルマートはこれをどうやって成し遂げたのだろうか？ 出発点は，消費者の要求を満たすことに徹底的に注目したことだった．つまり，ウォルマートの目標は，単に消費者に対して，いつでもどこでも彼らが必要なときに，どこよりも安い値段で供給できるということである．この目標を達成する鍵となるのは，在庫の補充方法を戦略の中核に据えたことである．これは，クロスドッキングとして知られるロジスティクス技術を使って実現された．この戦略では，商品は，継続的にウォルマートの倉庫に納入され，そこから在庫として留めずに直ちに各店舗に発送される．この戦略は，ウォルマートの販売費用を著しく削減し，顧客に「毎日安い価格」で商品を提供することを可能にした[12]．

もしクロスドッキング戦略がウォルマートにそれほど有効であったなら，他の企業もみなこの戦略を使ったらよいのではなかろうか？ 実際に，多くの企業が他のロジスティクス戦略を用いて成功を収めている．一部は倉庫に在庫として保管し，残りは直接店舗に出荷する戦略である．

事例 1-8

ホーム・デポ（Home Depot, Inc.）は，商品の85％を供給業者から店舗に直送し，倉庫を使用しないようにした．それに加え，大量の製品が店舗を通るため（年間売上高の平均は4,400万ドル），製品はトラック満杯にして運ばれることが多く，さらに節約になった[10]．

ここまで，多くのサプライ・チェインの成功例を紹介してきた．これらの例は，いくつかの企業において，サプライ・チェイン・マネジメントが，おそらくその企業の成功を決定づける，唯一ともいえる最も重要な要因だったのだろう．事実，

コンピュータとプリンタ業界では，ほとんどの製造業者が同じ供給業者を使い，同一の科学技術を用い，我々のサプライ・チェーン・マネジメントの最も重要な二つの要素であるサービスレベルと価格を競い合っている．

そういった例では，重要な問題が浮かび上がる．もし，これらの企業が戦略的提携に注目，倉庫の統合集中管理，クロスドッキング戦略の導入などでサプライ・チェーンの性能を改善した場合，他社が同じ技術を用いてサプライ・チェーンの性能を向上させようとした場合に妨げるものは何か？

これまでの議論で，二つの主要課題に対する答えが示されている．
- 伝統的なサプライ・チェーン戦略を置き換える能力．サプライ・チェーン内のそれぞれの施設や関係者自らが他のサプライ・チェーン関係者に与える影響をほとんど考慮せずに決定を下しているため，この戦略を置き換える能力によりサプライ・チェーンの大域的最適化を行うことができる．
- 不確実性を効果的に管理する能力．残念なことに，需要の不確実性のレベルは，ここ数年高くなってきている．実際，ハイテク産業においては，製品ライフサイクルはどんどん短くなっている．特に，多くのコンピュータやプリンタは，ほんの数カ月でモデルチェンジとなり，製造業者にはたった一度の製造指示，製造機会しか与えられないこともある．残念なことに，顧客需要を正確に予測するためには，新製品であるため，過去の統計データを使うことができない．同時に，製品の急増により，こういった企業が，特定モデルの需要を予測することが非常に困難になっている．そして，これらの産業において急激な価格低下がみられ，ライフサイクルの途中で商品価値も低下している[13]．

事例　1-9

ある韓国の企業は，産業リレーのような電気製品を製造しているが，約70％のサービスレベルに直面している．つまり，注文の約70％しか予定通りに納品できないのである．その反面，在庫は積み上げられ，そのほとんどは需要のないものである．この製造業者の在庫回転率（主要倉庫での年間の平均在庫の流れで定義される）は，4である．しかし，電気産業における，大手企業の在庫回転率は年間で9である．もし，この韓国の製造業者がこの

大手企業レベルまで在庫回転率を引き上げられたら，在庫レベルを著しく減らすことができるだろう．このようにして，この韓国の製造業者は，新しい戦略を模索し，3年以上かかり，サービスレベルを以前の70％から約99％まで引き上げ，同時に，在庫レベルと費用を引き下げた．

ほんの数年前まで，ほとんどの研究者が，事例1-9で述べた，サービスレベルと在庫レベルの改善という二つの目的を，同時に達成することはできないと言っていた．実際に，伝統的な在庫理論では，サービスレベルを上げるには，在庫を増やさなければならずコストが増加すると言われていた．驚くべきことに，近年の情報伝達技術の発達と，サプライ・チェイン戦略への理解が深まるにつれて，両方の目的を同時に改善する画期的な手法がもたらされた．

この後，この本全体を通して，我々はこれらの手法や戦略について詳しく説明していこう．なぜ特定の戦略を導入するのか，異なる戦略間のトレードオフは何なのか，実際にどのようにして特定の戦略を導入するのか，といった事柄を明らかにすることに着目していこう．

◆ 1.5 サプライ・チェイン・マネジメントにおける主な課題 ◆

この節では，この後の章でさらに詳しく検討する，いくつかのサプライ・チェイン・マネジメント課題について説明する．これらの問題は，戦略レベルから，戦術レベル，運用レベルまで，企業活動の広範囲にわたる．

- 戦略レベルでは，企業に長期的影響を与える決定を行う．これには，倉庫の数，位置，容量，それから製造計画，ロジスティクス・ネットワーク内の製品の流れも含まれる．
- 戦術レベルでは，主に四半期ごと，年度ごとに変更される決定を行う．これには，購買決定，生産決定，在庫政策，輸送戦略，顧客への訪問頻度も含まれる．
- 運用レベルでは，日常の活動事項決定が行われる．例えば，スケジューリング，リード時間の見積り，配送計画，トラックの積み込み計画が含まれる．

次に，さまざまな決定に関する重要な課題，問題，トレードオフについて，い

くつか紹介し検討する．

ネットワーク設計　地理的に広範囲の小売業者に提供する製品を生産するいくつかの工場を考えてみる．現在ある複数の倉庫の設定は，どれも不適切に思われ，経営者は，（ロジスティクス）ネットワークの構成を再編し再設計したい．こういった状況は，例えば，需要傾向の変化，現在の倉庫とのリース契約の終了などで発生する．さらに，需要傾向の変化に合わせて，工場の製造レベルの変更，新しい供給業者の選択，配送ネットワーク内の新しい輸送ルートの選択を行う必要がある．経営者は，どのように倉庫の位置，規模，組合せを選択すればよいのか？どのように，各工場のそれぞれの製品製造レベルを決定すればいいのか？どのように工場から倉庫，倉庫から小売業者，といった施設間の輸送経路を決定するのか？そして同時に，要求されるサービスレベルを満たしながら，製造，在庫，輸送費用を最小化するようにするにはどうすればよいのか？これは，複雑な最適化問題であり，答えを見つけるには，先端技術と手法が必要である．

在庫管理　ある特定の製品在庫を持つ小売業者を考えてみる．時間によって消費者需要は変化するため，その小売業者は，過去のデータを使って需要を予測するしかない．小売業者は，どのように在庫管理をしたらよいのか？もっと根本的に考えて，小売業者は，そもそもどうして在庫を持つのか？顧客需要の不確実性のためなのか，供給過程の不確実性のためなのか，それともほかに理由があるのか？もし顧客需要の不確実性のためなら，それを緩和できる方法はないのか？

供給契約　伝統的サプライ・チェーン戦略では，各提携者は，自己の利益のみに注目しているため，サプライ・チェーン内の他の提携者に与える影響をほとんど考えずに決定を下している．供給者と購入者の関係は，値段，数量割引，納期，品質，返品といった事柄を決める供給契約によって成立する．疑問点は，もちろん，供給契約も，伝統的サプライ・チェーン戦略をサプライ・チェーン全体の性能を最適化したものに置き換えるために使えるのかということである．特に，サプライ・チェーンの性能における数量値引と収益配分の影響は何か？購入者がさらに製品を注文しやすくなり，同時に供給業者の利益を増やせるように，供給業者がとることができる価格戦略があるのか？

ロジスティクス戦略　ウォルマートの成功例により，クロスドッキングとい

う特定のロジスティクス戦略の重要性が注目を浴びた．先に述べたように，これは，小売店が集中管理型倉庫から納品される際のロジスティクス戦略であり，この倉庫は，供給処理の調停役であり，注文品が外部のベンダーから納入された際の積み替え地点ではあるが，在庫は持たない．我々はそのような倉庫をクロスドックポイントと呼ぶ．次の疑問点について考えてみよう．クロスドックポイントはいくつ必要だろうか？　クロスドッキング戦略を用いてどのような節約ができるのか？　クロスドッキング戦略は実際にはどのように導入するのか？　クロスドッキング戦略は，倉庫が在庫を持つ伝統的な戦略より優れているのか？　クロスドッキング戦略，在庫を倉庫に持つ古典的なロジスティク戦略，あるいは，供給業者から直接店舗に輸送される直接出荷などから，どの戦略を採用すべきなのか？

サプライ・チェインの統合と戦略的提携　　先に述べたように，大域的最適化されたサプライ・チェインの設計と導入は，非常に難しい．原因は，サプライ・チェインが動的に変化することと，施設や提携企業が採用する目的が相反していることにある．にもかかわらず，ナショナル・セミコンダクター，ウォルマート，P&G の成功例は，統合された大域的最適化サプライ・チェインが実現可能であるだけでなく，企業の業績とマーケットシェアに非常に大きな影響を与えられることを証明した．もちろん，これらの三つの例は，いずれも，それぞれの業界の最大手企業の一つであるからではないかと異議を唱えるものもあるだろう．つまり，これらの企業は，他のほとんどの企業が導入する余裕がないような技術と戦略を導入できたのではないかというのである．しかし，今日の競争の激しい市場において，ほとんどの企業は選択肢が残されていない．彼らは，サプライ・チェインを統合し，戦略的提携を結ばざるを得なくなっている．この圧力は，消費者とサプライ・チェイン提携者の両方から生じている．どうすれば統合が成功するのだろうか？　明らかに，情報と業務計画の共有が，サプライ・チェイン統合の鍵となる．しかし，どの情報を共有したらいいのか？　その情報をどのように活用したらよいのか？　情報は，サプライ・チェインの設計と運営に影響するのか？　自己組織内あるいは外部の提携者と，どの段階まで統合する必要があるのか？　そして，どのタイプの提携関係が導入可能であり，その企業が置かれた状況では，どのタイプの提携関係を導入すべきなのか？

外部委託と調達戦略　サプライ・チェイン内のさまざまな活動の調整だけでなく，何を内部で作り，何を外部の資源から購入するかといった決定も含み，サプライ・チェインを考え直してみる．その企業が，得意とする一連の業務にはどのような製造活動があり，したがって内部で何を作成できるのか，どの製品と部品を，得意分野ではないとして外部の供給者から購入するのか，といった事柄をどのように見きわめるのだろうか？　これらの質問の答えと，製造技術の間に関連はあるだろうか？　何が外部委託のリスクとなり，そのリスクを最低限に押さえるにはどうすればよいのか？　外部委託した場合に，どのように適当な時期に製品を納入してもらえるようにするのか？　最後に，調達戦略におけるインターネットの影響は何か？　企業は，取引相手と，内密に取引するのかそれとも公にするのか？

製品設計　効果的な設計は，サプライ・チェインにおいて重要な役割を果たす．明らかに，ある種の製品設計では，他の設計に比べて，保管在庫や輸送費用を増大させるが，別の設計にしたら，より短期間に製造できるかもしれない．残念なことに，製品設計は，高くつくことが多い．ロジスティクス費用やサプライ・チェイン・リードタイムを減らすためには，どのような場合に製品設計をする価値があるのか？　顧客需要の不確実性を補うために，製品設計を利用することが可能だろうか？　このような戦略の結果として得られる削減量を定量化することができるだろうか？　そして，マスカスタマイゼイション（大量個別生産）といった新しい概念が非常に注目されてきている．このような概念の導入を成功させるうえで，サプライ・チェイン・マネジメントが果たす役割は何だろうか？

顧客価値　顧客価値とは，企業の顧客への貢献度を表す評価基準であり，企業が提供する製品，サービス，その他の無形活動まで全範囲に基づいている．近年，この評価基準が，品質や顧客満足度に取って代わってきている．明らかに，企業が顧客のニーズと供給価値を満たしたい場合，効果的なサプライ・チェイン・マネジメントは，非常に重要である．しかし，さまざまな産業において顧客価値を決定するものは何か？　顧客価値は，どのように評価（測定）するのか？　サプライ・チェインにおいて，顧客価値を高めるために，情報技術をどのように活用するのか？　サプライ・チェイン管理がどのように顧客価値に貢献するのか？　関係や体験を発展させようとするような，顧客価値に関する新しい動向は，

サプライ・チェインにどのように影響を与えるのか？ 慣習的な社会とオンライン社会では，製品価格とブランド名の関係はどのようなものなのか？ 賢い価格戦略を使ってサプライ・チェインの性能を改善できるのか？

情報技術と意思決定支援システム　情報技術は，サプライ・チェイン・マネジメントにおいて重要な成功要因となる．実際，サプライ・チェイン・マネジメントへの関心が目下のところ高まっているのは，豊富なデータがあり，そのデータをうまく分析することによって節約が可能であることが目に見える場合がほとんどである．サプライ・チェイン・マネジメントの主要な課題は，データが受け取れるかどうかではなく，どのデータをやりとりできるかということである．つまり，どのデータがサプライ・チェイン・マネジメントに役に立ち，どのデータを無視してもよいのか？ どのようにデータを分析し，使用したらよいのか？ インターネットの影響は何か？ 企業内部と提携企業間の両方でどのような基盤が必要なのか？ 最後に，情報技術と意思決定支援システムの両方が使用可能である場合，これらの技術を市場競争で優位に立つための主なツールと見てよいのか？ もしこれらの方法を使い市場競争で優位に立てるなら，なぜ他の企業は同じ技術を使わないのか？

これらの課題と戦略について，残りの章で詳細を述べていく．それぞれのケースの焦点は，サプライ・チェインにおける，大域的最適化または不確実性の管理，あるいはその両方の達成にある．まとめると，表1.1のようになる．

表1.1 サプライ・チェイン・マネジメントにおける主な課題

	大域的最適化	不確実性の管理
ネットワーク設計	×	
在庫管理		×
供給契約	×	
ロジスティクス戦略	×	×
戦略的提携	×	
外部委託と調達		×
製品設計		×
顧客価値	×	×
情報技術	×	×

◆ 1.6 本書の目的と全体像 ◆

　多くの理由から，ロジスティクスとサプライ・チェイン・マネジメントに対する関心は，ここ数年のうちに爆発的に広がっている．この関心がきっかけで，多くの企業が，自らのサプライ・チェインの見直しをしてきた．しかし，経験や勘に頼って行われているのがほとんどである．つまり，分析モデルや設計ツールがほとんど使われてこなかった．一方，ここ20年ぐらい，研究者の間で，サプライ・チェイン・マネジメントを支援するためのさまざまなモデルやツールが開発されてきた．残念なことに，この技術の初期世代のものは，産業界で効果的に使えるほど頑強でも柔軟でもなかった．しかし，その状況はここ数年で変化した．分析や洞察が改善し，効果的なモデルと意思決定支援システムが開発された．しかし，これらはまだ産業界によく知られていないようである．

　本書は，サプライ・チェイン・システムの設計，制御，操作，管理において重要な，最先端のモデル，解決法，洞察，概念を紹介し，そのギャップを埋めることを目的としている．各章では，ほとんどその章だけで内容が完結し，かつ多くの例を紹介している．我々は，この本が，サプライ・チェインを構成する諸プロセスに携わるコンサルタントや管理者の参考になる本であると考えている．例えば，どのような輸送モードを使用するか決定する輸送管理者，可能なかぎり少ない在庫で円滑な商品の流れを望む在庫管理者，会社のサプライ・チェインに責任を持つロジスティクス管理者など，すべての人に本書の内容が役に立つだろう．

第2章

サプライ・チェインの統合

◆ 2.1 はじめに ◆

　第1章では，サプライ・チェイン・マネジメントが供給，製造，倉庫，小売の効率的な統合を解決する様子を見てきた．サプライ・チェインを統合する際に課題となるのは，サプライ・チェイン全体の活動を調整し，企業活動を向上させること，つまり，コスト削減，サービスレベルの向上，鞭効果の低減，資源の有効利用，市場の変化に効果的に対応することである．多くの企業が最近になって気がついたように，これらの課題を達成するには，生産，輸送，在庫決定の調整だけでなく，サプライ・チェインの最前部である顧客需要から，サプライ・チェイン最後部である製造部分まで足並みを揃えなければならない．この章では，サプライ・チェインの統合に関する好機と課題について詳しく説明する．そのために次の事柄について考えてみる．

- 押し出し型，引っ張り型，そして比較的新しい概念である押し出し・引っ張り型を含む，さまざまなサプライ・チェイン戦略
- 製品や産業をサプライ・チェイン戦略に合わせて調整する仕組み
- 需要主導型サプライ・チェイン戦略
- サプライ・チェイン統合におけるインターネットの影響
- 効果的なロジスティクス戦略

　明らかに，サプライ・チェインの統合において，情報が入手できるかどうかが重要な役割を果たす．場合によっては，サプライ・チェインを情報が入手できる

ように設計しなければならないだろう．また，すでにある情報をうまく利用できるようにサプライ・チェイン戦略を立てなければならない場合もある．しかし，こういった情報を得られるようにするために，多額の費用をかけて情報ネットワークを設計しなければならないような場合がほとんどである．

◆ 2.2 押し出し型，引っ張り型，押し出し・引っ張り型システム ◆

伝統的なサプライ・チェイン戦略の多くは，押し出し型戦略か，引っ張り型戦略に分類される．多分，1980年代の産業革命において，製造システムがこれらに分類されたせいであろう．興味深いことに，ここ数年，多くの企業が，押し出し・引っ張り型と呼ばれる混合型の手法を導入してきた．この章では，それぞれの戦略について説明する．

2.2.1 押し出し型サプライ・チェイン

押し出し型サプライ・チェインでは，製造や物流の意思決定が長期予測に基づいて行われている．一般的に製造業者は，小売業者の倉庫から受け取る注文をもとにして需要予測をしている．そのため，押し出し型サプライ・チェインは，市場の変化に対応するのに時間がかかり，次のような問題が生じる．

- 需要傾向の変化にうまく対応できない
- 特定の製品の需要がなくなった場合に，サプライ・チェイン内の在庫が陳腐化する

さらに，小売業者や倉庫からの受注変動が，顧客需要よりも大きくなる（これを鞭効果と呼ぶ）．変動が大きくなると，次のような問題が生じる．

- 大量の安全在庫を確保しなければならないため在庫が過剰になる
- 生産ロットが大きくなり変動しやすい
- サービスレベルが許容できない程度まで低下する
- 在庫が陳腐化する

特に，鞭効果のせいで計画と管理が非常に難しくなり，資源の稼働率が低くなる．例えば製造業者は，どのように生産能力を決定すればよいかわからない．需要のピーク時に合わせたとすれば，製造業者は高価な資源を稼動させないでいる

時間が多くなってしまう．平均需要に合わせたとすれば，需要のピーク時には，能力を追加しなればならず高くつく場合が多い．生産能力は，需要のピーク時に合わせればよいのか，それとも平均需要に合わせればよいのか？　輸送能力についても同様である．需要のピーク時に合わせればよいのか，それとも平均需要に合わせればよいのか？　このように，押し出し型サプライ・チェインでは，概して，輸送費用が高く，在庫レベルが高く，急な製品の切替えに対応するために製造費用が高くなる．

2.2.2　引っ張り型サプライ・チェイン

引っ張り型サプライ・チェインでは，生産，輸送は需要主導型であり，予測された需要ではなく，実際の顧客需要に合わせられる[1]．純粋な引っ張り型システムでは，企業は在庫を持たず，確定した受注にのみ対応する．これを可能にするためには，さまざまなサプライ・チェイン関係者にPOS（point of sales：販売時点管理）などによって得た，顧客需要を即座に伝えられる情報伝達の仕組みが必要である．引っ張り型システムには次のような魅力がある．

- 小売業者からの受注の予測精度が上がることで達成されるリード時間の減少
- リード時間の短縮によって各施設で在庫レベルが上昇するため小売業者の在庫レベルが減少（第3章参照）
- システム内の変動の低減，特にリード時間削減により製造業者が直面する変動の低減
- 変動の低減による製造業者の在庫減少

事例　2-1

　ある大手アパレル業者が，最近サプライ・チェイン戦略を引っ張り型システムに変更した．小売業者は1カ月に一度この業者に発注するが，POSデータを伝達するのは，毎日や毎週といった短い間隔で，もっと頻繁に行われている．このデータを使って，連続的に実際の顧客需要に合わせて生産量を調整することができる．

このように，引っ張り型サプライ・チェインでは，同等の押し出し型システムと比較して，システム内在庫レベルが著しく低下し，資源管理能力が向上し，システム全体の費用が削減されるのが一般的である．しかし一方で，引っ張り型システムは，需要情報に応答するのが非現実的なほどリード時間が長い場合には導入が難しい．また，引っ張り型システムは，長期計画に対応していないため，製造と輸送における規模の経済をうまく利用することがさらに難しくなる場合が多い．

押し出し型システムと引っ張り型システムには，こういった長所と短所があるため，企業は，両方の長所を持った新しいサプライ・チェイン戦略を探そうとする．それが，押し出し・引っ張り型サプライ・チェイン戦略である．

2.2.3 押し出し・引っ張り型サプライ・チェイン

押し出し・引っ張り型サプライ・チェインでは，サプライ・チェインのいくつかの段階，特に初期段階は，押し出し型で行い，残りの段階では，引っ張り型戦略を用いる．押し出し型部分と引っ張り型部分の接点は，**押し出し・引っ張りの境界**として知られている．

押し出し・引っ張り型戦略をもっと理解するために，**サプライ・チェインに時間軸を導入して**考えてみる．時間軸の始点が原材料の調達で，時間軸の終点が顧客への納入などを表している．押し出し・引っ張りの境界がこの時間軸上のどこかにあり，企業が，この時点で，サプライ・チェイン戦略を押し出し型戦略から引っ張り型に切り替えることを示している．この様子を図 2.1 に示す．

パソコン製造業者を例として考えてみる．この製造業者は，生産ならびに物流計画は，すべて予測に基づいて在庫を増やすために行われる．これは，典型的な押し出し型システムである．それに対し，押し出し・引っ張り型戦略の例として，受注生産を行う製造業者がある．部品在庫は，予測に基づいて管理され，最終的な組立ては顧客の要求に従って行うのである．その製造業者のサプライ・チェインの押し出し部分は，組立前の部分であり，サプライ・チェインの引っ張り部分は，組立時点で始まり，実際の需要に基づいて行われる．押し出し・引っ張りの境界は組立の開始時点である．この例でわかるように，この製造業者は，**集約された予測情報は集約されていないものより正確である**という事実を有効に利用し

2.2 押し出し型，引っ張り型，押し出し・引っ張り型システム

```
            ┌──────────┐
            │ 押し出し・ │
            │ 引っ張りの │
            │  境界    │
            └────┬─────┘
                 ▼
     ┌─────────────┐  ┌─────────────┐
     │ 押し出し型戦略 │  │ 引っ張り型戦略 │
     └─────────────┘  └─────────────┘
原材料 ─────────────────┊──────────────────▶ 最終顧客
              サプライ・チェイン時間軸
```

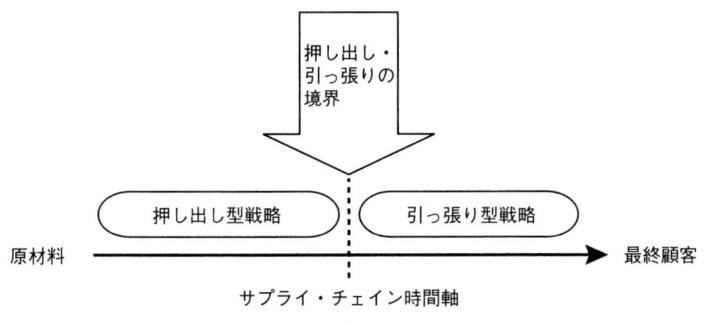

図 2.1 押し出し・引っ張り型サプライ・チェイン

ている．実際に，部品の需要は，この部品を使ってできる全最終製品の需要を集約したものである．

集約された予測情報は，集約されていないものより正確であり，部品需要の不確実性は，最終製品需要の不確実性よりかなり小さい．そしてこのことが安全在庫の削減につながる．デル・コンピュータは，この戦略を非常に効果的に使い，押し出し・引っ張り型戦略がサプライ・チェイン性能に与える影響を示す優れた手本となっている．

製品設計における，遅延差別化もしくは遅延化も，押し出し・引っ張り型戦略の非常によい例である．遅延差別化では，企業は，製品と製造工程を設計し，特定の製品の製造決定をできるかぎり先延ばしできるようにする．その製造工程で，調製品（製品族レベルに集約される製品）の製造を開始するが，特定の製品に分化するのは需要が明らかになってからである．製品を差別化する以前の部分は，一般的に押し出し型戦略が用いられる．言い換えれば，調製品は，長期予測に基づいて組立て輸送される．というのも，調製品の需要というのは，その調製品から作られるすべての最終製品の集約された需要であり，予測は集約されていないものより正確であるため在庫レベルを低くできるからである．反対に，特定の最終製品の不確実性は非常に高く，製品の差別化は，個々の需要に応じて行われる．このように製品の差別化が始まった時点から，サプライ・チェインは引っ張り型にする．

2.2.4 適切なサプライ・チェイン戦略の発見

特定の製品にふさわしいサプライ・チェイン戦略は何だろうか？ 会社は，押し出し型サプライ・チェイン戦略を使うのか，それとも引っ張り型戦略か，押し出し・引っ張り型か？ 図2.2は，製品や産業に合うサプライ・チェインを示している．縦軸は，生産と輸送における顧客需要の不確実性の情報を表し，横軸は，生産と物流における規模の経済の重要性を表している．

他の条件がすべて同じであれば，需要の不確実性が高いと，実際の需要をもとにサプライ・チェインを管理する引っ張り型になる傾向がある．反対に，需要の不確実性が小さいと，長期予測に基づいて押し出し型でサプライ・チェインを管理するようになる．

同様に，他の条件がすべて同じであれば，費用削減において規模の経済の重要性が高くなると，需要を集約する価値が高くなり，長期予測に基づいて押し出し型でサプライ・チェインを管理する重要性が増す．規模の経済が重要でない場合は，集約してもコスト削減はできないので，引っ張り型がよいということになる．

図2.2では，この2次元の領域を4分割した．領域Iは，コンピュータ産業のように，不確実性が高く，生産，組立，輸送における規模の経済が重要でない産業（正確には製品）が分類される．こういった産業や製品には，高いレベルの引っ張り型サプライ・チェイン戦略を提案したい．これが，まさにデル・コンピュータが用いている戦略である．

領域IIIは，需要の不確実性が低く，規模の経済が重要な商品を表している．食

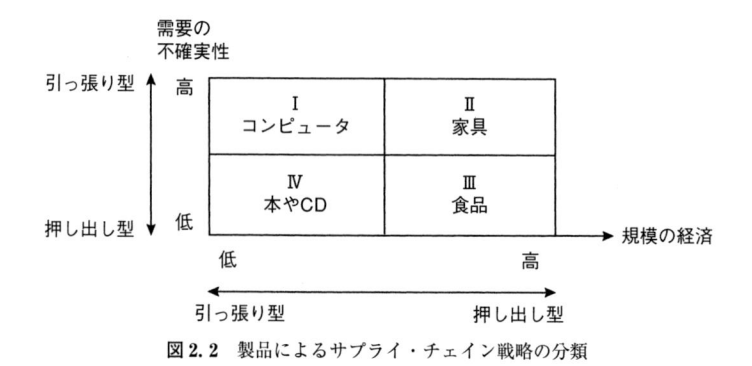

図2.2 製品によるサプライ・チェイン戦略の分類

品産業の，ビール，パスタ，スープといった商品は，この領域に分類される．こういった商品の需要は非常に安定しているが，商品をトラックに満載して輸送することで輸送費用を削減することがサプライ・チェーンの費用管理の要となる．この場合，引っ張り型戦略は適切ではない．実際に，長期予測により在庫管理をすると在庫保管費は増えず，規模の経済を活用して輸送費用が削減されるため，伝統的な押し出し型戦略が適切である．

　領域ⅠとⅢでは，効果的なサプライ・チェーン戦略を比較的見つけやすい状況である．残り二つの領域は，不確実性と規模の経済が示唆する戦略の間に矛盾がある．事実，これらの領域において，不確実性はサプライ・チェーン戦略を「引っ張り型」にすることを指示しており，反対に規模の経済は，「押し出し型」を指示している．

　例えば，領域Ⅳは，押し出し型サプライ・チェーンを示す不確実性の低さと，引っ張り型を示す規模の経済の低さを持つ製品を表している．大量に売れ，かつ動きの早い本とCDは，この領域に含まれる．この場合，伝統的な押し出し型戦略か，あるいはもっと画期的な押し出し・引っ張り型戦略が適している可能性があるので，費用や不確実性を個別調査することによって，さらに詳しく分析をする必要がある．これについては，2.4節で詳しく述べる．

　最後に，領域Ⅱには，需要の不確実性が高いが，規模の経済が生産や輸送費用を削減するために重要となるような産業や製品が挙げられる．家具製造業が，こういった状況のよい例である．実際に，一般的な家具店では，形，色，布地などが違う，たくさんの同じような商品を販売し，結果として，最終商品の需要不確実性はとても高い．残念なことに，これらの商品はかさばり，輸送費用は高くなる．

　よって，この場合，生産戦略とロジスティクス戦略の区別が必要である．生産戦略は，長期予測に基づき決定を下すのは不可能であるため，引っ張り型戦略に従う．それに対して，ロジスティクス戦略では，輸送費用を削減するために規模の経済を利用する必要がある．これは，まさに家具の在庫を持たない小売店の多くが採用している戦略である．顧客が発注すると，製造業者に伝えられ，その製造業者は，布地を発注し生産を行う．製品の準備ができたら，通常は，車立てトラック輸送業者によって他の多くの製品と一緒に小売店に出荷され，そこから顧

客へと配送される．この目的のために，製造業者は，通常，輸送のスケジュールを決めておき，同じ地域の店舗に配送される製品をすべてまとめて運ぶ．こうして，規模の経済で輸送費用を削減している．したがって，家具製造業者は，ある意味，引っ張り・押し出し型戦略に従っている．つまり，生産はすでにわかっている需要に基づいて行われる引っ張り型で，配送は決められたスケジュールに従って行われる押し出し型戦略である．

自動車産業も，領域Ⅱの状況を持つもう一つの例である．典型的な自動車製造業者は，機能，モーター馬力，形，色，ドア数，スポーツ仕様の車輪などで差別化される似たような多くの製品を製造しており，結果として，特定仕様の車の不確実性は非常に高い．輸送費用も同様に高い．伝統的には，この産業では押し出し型を基本とする戦略が用いられ，ディーラー経由の流通システムのため，ディーラーに在庫を備蓄していた．したがって，一般的には自動車産業は，図2.1で示すようなモデルには従わない．

しかし，2000年にゼネラル・モーターズ（General Motors：GM）は，設計・生産・販売の方法を再編成する劇的な見通しを発表した[2]．目的は，顧客がオンラインで車のカスタマイズ注文をできるようにし，それを10日以内に顧客に届けられるようにすることである．GMは，我々のモデルで示した，受注生産方式に向かって動き出している．

残念なことに，自動車産業におけるリード時間は，現在のところ長く平均50～60日である．GMは，目標を達成するために，供給業者との提携方法，製品の製造方法と輸送方法を含め，サプライ・チェイン全体を再設計しなければならない．リード時間を10日以内にするには，購入者に提供するオプションや設定の数を大幅に減らす必要があるかもしれない．

2.2.5　押し出し・引っ張り型戦略の導入

前項で述べた枠組みは，異なる製品に対しては，製品ごとに引っ張り型と押し出し型の適正レベルを設定しようというものだった．例えば，領域Ⅰに属する製品には，高度な引っ張り型が適している．もちろん，引っ張り型システムの設計を達成するには，設計の複雑性，製造リード時間，供給業者と製造業者の関係を含む，多くの要因が必要である．同様に，押し出し・引っ張りの境界の位置によ

り，押し出し・引っ張り型戦略の導入にもたくさんの方法がある．例えば，デルは，押し出し・引っ張りの境界を組立開始点としているが，それに対し，家具製造業者は，境界を生産開始点としている．

事例 2-2

　輸送リード時間が長いことで知られる自動車産業を考えてみる．現在行っている受注生産戦略に取り組む前に，押し出し・引っ張り型戦略を実装しようとする試みがあった．1994年にGMは，約1,500台のキャデラックを在庫に持つ倉庫を，フロリダのオーランドに設立したと発表した．ディーラーは，自分達が持っていない車を，その物流センターに注文でき，24時間以内に受け取れることになっていた．GMは押し出し・引っ張り型戦略を用いようとしていたのである．この戦略では，この物流センターの在庫は長期予測に基づいており，これに対し，ディーラーへの輸送は，実際の需要に基づいている．このように，押し出し・引っ張りの境界は，製造業者の物流センターであった．第5章で議論するが，この戦略には二つの落とし穴があった．一つ目は，地域倉庫を持ったことでディーラーの在庫レベルが低くなったため，この在庫費用がディーラーからGMにシフトした．二つ目は，物流センターは，小規模ディーラーも大規模ディーラーも平等に扱ったことである．すべてのディーラーが物流センターにアクセスできるなら，ディーラーが小規模でも大規模でも違いがなくなってしまう．そのため大規模ディーラーたちは，GMのこのような新しい方式に何ら興味を示さず，積極的に参加しなかったのである．

　これまでのところ，サプライ・チェインの需要不確実性が比較的小さい部分には，押し出し型戦略が適していて，この部分では，長期予測に基づいた管理が適していることを述べてきた．反対に，サプライ・チェインの不確実性が高い部分には，引っ張り型戦略が適していて，この部分は実際の需要に基づいて管理することが重要である．サプライ・チェインの，この二つの部分の区別は，システムを効果的に管理するために必要な組織の運用スキルとならんで，サプライ・チェ

イン戦略の目的に重要な影響を与える．

サプライ・チェインの押し出し型部分の不確実性は，比較的小さいため，サービスレベルは問題ではなく，焦点となるのは費用の最小化である．さらに，サプライ・チェインのこの部分は，需要不確実性の低さと，生産と輸送の規模の経済だけでなく，リード時間の長さ，さまざまな段階での製品の組立を含むサプライ・チェインの構造の複雑さに特徴がある．このため，費用の最小化は，在庫，輸送，生産費用の削減に対し，生産と輸送能力などの資源を有効活用することで達成できる．

反対に，サプライ・チェインの引っ張り型部分は，不確実性が高く，サプライ・チェインの構造が単純で，リード時間が短いという特徴がある．よって，ここでの焦点は，サービスレベルとなる．特に，サービスレベルの高さは，顧客需要の変更を即座に受け入れできるような，柔軟で応答性のよいサプライ・チェインにより達成できる[3]．

つまり，サプライ・チェインの部分ごとに異なる手順を用いる必要があるということである．サプライ・チェインの引っ張り型部分の焦点がサービスレベルであるため，一般的に，顧客の注文を充足させるためのプロセスが用いられる．同様にサプライ・チェインの押し出し型部分の焦点は費用と資源の有効利用であるため，サプライ・チェイン計画プロセスが用いられ，そこでは数週間先，あるいは数カ月先まで効率的な戦略が立てられる．次の第3章では，サプライ・チェインの押し出し部分に適用できるサプライ・チェインの中・長期計画について詳しく述べる．表2.1はサプライ・チェインの押し出し型部分と引っ張り型部分の特徴をまとめたものである．

サプライ・チェインの押し出し型部分と引っ張り型部分が影響し合うのは，押し出し・引っ張りの境界においてのみであることに注意してほしい．このサプラ

表2.1 サプライ・チェインの押し出し型と引っ張り型部分の特徴

	押し出し型	引っ張り型
目的	費用の最小化	サービスレベルの最大化
複雑さ	高い	低い
焦点	資源の割当	応答性
リード時間	長い	短い
プロセス	サプライ・チェイン計画	注文充足

イ・チェイン時間軸上のポイントにおいて，二つのサプライ・チェイン戦略を，通常は緩衝在庫によって調整する必要がある．この緩衝在庫は，それぞれの部分で異なる役割を果たす．押し出し型部分では，境界の緩衝在庫は，戦術的計画プロセスで生成された出力の一部であり，それに対し，引っ張り型部分では，この緩衝在庫は，注文を充足するプロセスの入力である．このため，サプライ・チェインの押し出し部分と引っ張り部分の接点は，予測需要である．この予測需要は，引っ張り型部分から得られる過去のデータに基づいていて，サプライ・チェインの計画プロセスならびに緩衝在庫の決定に使われる．

事例 2-3

　スポーツ・オーベルマイヤー（Sport Obermeyer）のような，スキーウエア業者を考えてみる[3]．毎年，この会社は，たくさんの新作を紹介しているため，需要の不確実性は高い．オーベルマイヤーは，リスクの高い商品と低い商品を区別するある戦略の導入に成功した．不確実性が低く，価格の安い，リスクの少ない製品には，長期予測を利用して，費用を最小化するように予測して，押し出し型戦略で生産を行った．リスクの高い製品については，それぞれのスタイルの顧客需要の動向が明らかになるまで生産量の決定を遅らせ，引っ張り型戦略を行った．布地のリード時間が長いため，製造業者は，一般的に，リスクの高い商品に使う布地を長期予測に基づいて，市場の需要情報を受け取る前にうまく注文している．この事例では，製造業者は，デル・コンピュータと同じ原理を利用している．布地の需要は，その布地を使って作られる製品全部の需要を集約したものであり，需要の不確実性は低いため，布地の在庫は押し出し型で管理できる．このように，スポーツ・オーベルマイヤーは，押し出し・引っ張り型戦略をリスクの高い製品に利用，押し出し型戦略をリスクの低い製品に利用している．

◆ 2.3　需要主導型戦略 ◆

この章で述べてきた枠組みでは，需要情報をサプライ・チェインの計画プロセ

スに統合することが必要である．この需要情報は，二つのプロセスを用いて生成される．
- 需要予測：過去の需要データを使って，長期の需要予測を行うプロセス．
- 需要創造：企業は，販売推進活動，値引，リベート（合法的な払戻し），新製品の導入，需要予測に基づく製品の撤退などのマーケティング計画を，決定するプロセス．

もちろん，どちらの場合でも，予測は完全に正確ではない．そのため，需要予測プロセスと需要創造プロセスの主要な出力として，予測の正確さが挙げられる．予測の正確さは，通常，予測誤差として表され，標準偏差などによって評価される．この情報は，需要が予測より高くなるかもしくは低くなるか判断する材料になる．

予測誤差が大きいと，品切れ，在庫の陳腐化，資源を有効に活用できないといった悪影響がもたらされる．企業は，サプライ・チェインを用いて予測の正確性を向上させ，予測誤差を減らすことはできるだろうか？ 次のような方法を確かめてみる．

- 次に挙げるような切り口で，さらに需要を集約できるように，押し出し・引っ張りの境界を設定する．
  - 需要を製品ごとに集約する
  - 需要を地理的条件で集約する
  - 需要を時間で集約する

  目的は，はっきりしている．集約された予測は，集約されていないものより正確であるため，結果として予測の正確性が向上する．
- 市場分析，人口統計と景気動向を使い予測の正確性を向上させる．
- 店舗ごとの製品の最適な組合せを決定して，同じ市場で競合する在庫保管単位（SKU：stock keeping units）を減らす．通常の大規模小売店では，各店舗で30種類以上ものゴミ箱を販売している．ゴミ箱の総量の需要を予測するのは簡単であるが，取り扱っているゴミ箱の在庫保管単位ごとの需要を予測するのは，とても難しい．
- 市場需要，販売促進の影響，価格決定，広告について理解を深めるために顧客と協力して計画と予測を行う．

需要計画過程の最後に，企業は，地域ごと，在庫保管単位ごとの需要予測が得られる．次のステップは，サプライ・チェインを分析し，予測量に見合う量を調達，生産，輸送できるか確認することである．このプロセスは，供給・需要管理と呼ばれ，製造，輸送，在庫費用を最小化する戦略，あるいは，利益を最大にする戦略を見つけ，供給と需要を一致させることである．この途中で，企業は，サプライ・チェイン上の不安定さやリスクに対処する最もよい方法を決定する．これらのことを行うために戦術的な計画プロセスについては，第3章で説明する．

もちろん，需要計画と戦術レベルの計画は，互いに影響し合う．そのため，次の事柄を調整するため，プロセスの反復を行わなければならない．
- 販売予算の割当と，供給と流通を結びつける最適な方法
- 予測需要の誤差の影響
- サプライ・チェインのリード時間の変化の影響
- 需要とサプライ・チェイン戦略における競合他社の販売促進活動の影響

次の事例で，この反復過程の重要性をわかりやすく説明する．

事例 2-4

市場計画に関するサプライ・チェイン分析をしない危険性を示す古典的な例として，キャンベル・スープ（Campbell's Soup）の冬季販売活動がある．当時，営業部門は，冬にチキンヌードルスープの販売促進活動をすることを決定していた．もちろん，冬にはスープの需要が一時的に増えるものである．そのため，需要に対応するために，春と秋に大量の鶏肉と材料を準備し保管した．さらに，販売促進活動による需要に合わせるために，早めに生産を開始し，さらに残業を行わなければならなかった．残念なことに，過剰な生産と在庫管理に要した費用が，販売促進活動から得られる収益を上回ってしまった[4]．

◆ 2.4 サプライ・チェイン戦略におけるインターネットの影響 ◆

一般に経済とビジネスにおける，インターネットとeコマース（電子商取引）

の影響は強大で，かつ変化が早い．例えば，直販モデルが，デル・コンピュータやアマゾン（Amazon.com）のような大企業に用いられ，顧客はインターネットで商品を注文することができ，企業は，3PL業者に頼らず製品を販売している．同様に，企業間の電子商取引にも便利で費用削減の可能性がある．

　同時に，インターネットと新たな電子商取引モデルは，この新しい技術とビジネスモデルを使うだけで多くのサプライ・チェイン問題を解決してくれるのではないかという期待を高めてきた．電子商取引戦略は，将来的にではあるが，コスト削減，サービスレベルの向上，柔軟性の向上につながり，もちろん利益も増やしてくれるのではないかと思われていた．しかし現実にはこういった期待はかなえられていない場合が多い．なぜなら，新しい電子商取引の多くが成功していないからである．最も利益の多いインターネットビジネスが崩壊したのは，多くの場合，ロジスティクス戦略のせいである．

　例をいくつか見てみよう．

事例　2-5

　家具製造産業では，1999年3月にリビング．コム（Living.com）が，ショー・ファニチャー・ギャラリー（Shaw Furniture Gallery）というノースキャロライナで10番目に大きな家具店を買収したときに，近代化とeビジネスの準備が整った（機が熟した）ように思われた．この買収には，リビング．コムがトップレベルの家具製造をできるようにする意図があった．7,000万ドルの資本投入と，アマゾン．コムと家具リンクの独占契約の後，2000年8月29日に倒産を発表した．失敗の原因は，新しい情報システムに投資したが，それがうまく機能しなかったことと，家具運搬の経験がない運送業者に変更してしまったことが，リターン（資本回収）率が30％という驚くべき数字になってしまったことである．

事例　2-6

　ファニチャー．コム（Furniture.com）は，1999年1月に設立され，多く

の家具メーカーから数千製品を提供していた．この企業は，2000年の最初の9カ月に2,200万ドルを売り上げ，毎月100万人がウェブサイトを訪れた．2000年11月6日に，破綻したのは，ロジスティクスの細部，特に輸送過程での効率が悪かったせいである．最初に，ファニチャー．コムは，製品を集中倉庫から顧客に配送するために運送業者を使っていた．しかし配送費用が高過ぎたため，地域の運送業者6社と提携を結んだ．残念なことに，これらの提携は，維持が難しく，修理や返品の対応など多くの問題が残されたままになった．

事例 2-7

ピーポッド（Peapod, Inc.）は，イリノイ州のスコーキーを拠点に，米国で主要なオンライン食品雑貨店の一つだった．この企業は，非常に経験を積んだオンライン食品雑貨店で，13万以上の顧客にサービスを提供していた．1999年に，ピーポッドは，7,300万ドルの売上を計上したが，2,900万ドルの損失を出した．ピーポッドの損失は積み重なり，さらなる資金調達ができなくなり，2000年4月に，ロイヤル・アホルド（Royal Ahold）に株の大半を買い占められることとなった．ピーポッドは，こうして，（ショップリンク．コム（Shoplink. com），ストリームライン．コム（Streamline. com），プライスライン・ウェブハウス・クラブ（Priceline's WebHouse Club）といった企業が現在残っているのに対し）オンライン食品雑貨ビジネスから消えていった．こういった失敗の原因は，一般的に輸送費用が高いことである．

事例 2-8

　1995年に，世界最大の本屋と銘打って出発したものが，急速に世界最大のオンラインショップになりつつある．アマゾン．コムのメインサイトでは，数百万もの本，CD，DVD，ビデオ，玩具，工具，電化製品を提供している．さらに，アマゾン．コムは，美術品から不動産までを扱うオークション，スケジュール管理，住所録，オンライングリーティングカードなども行ってい

る．また，ペット用品のネット販売，処方箋薬，車，食品といったものからも利益を得ている．アマゾン．コムは，利益よりもマーケットシェアを優先し，急迫な市場からの資金流入をもとにした企業買収を繰り返すといった方針をとっているにもかかわらず，いまだに利益を上げていないその後のインターネット企業の見本となっている．1996年には，この企業は，1,600万ドルを売り上げ，600万ドルの損失を出した．1999年には，16億ドルを売り上げ，7.2億ドルの損失を出し，2000年には，27億ドルを売り上げ，14億ドルの損失を出し，成功例には程遠かった．続く2年間に，損失が減っていった．2001年には，31.2億ドルを売り上げ，損失は56.7万ドル，そして2002年には，39.3億ドルを売り上げ，損失は14.9万ドルだった．

もちろん，新しいビジネスモデルを非常にうまく発展させ，著しい利益増加と，非常に広い市場シェアを獲得している企業もある．こういった企業は，ビジネスを変えるきっかけとしてインターネットを使っている．

事例　2-9

スターン・スチュワートEVA1000データベースによると，デル・コンピュータは，1988～1996年の8年間に，株主数の増加が，競合他社より3000%も上回った．この例は，PC産業が新しい科学技術に基づいていることから，我々が議論するうえで重要である．実際に，ほとんどのPC製造業者は，いわゆるウィンテル（Windowsとインテル）標準と呼ばれる同じ技術を使っている．PC産業においては，価格とサービスレベルを競い合う．デルが成功したのは，供給業者，製造業者，エンドユーザ間の伝統的な境界をあいまいにした仮想統合という戦略による．他の製造業者が製造した構成部品を組み立てて作ったコンピュータを売ると決定したため，デルは，資産の所有，研究開発，労働力の管理をしなくてもよくなった．同時にデルは，注文を受けてから生産を開始するため，製品在庫をまったく持たなくてもよくなった．こういった経営的意思決定のおかげで，デルは，競合他社より早く成長し，たった8日間の（輸送中）在庫を持っているだけである．

シスコ（Cisco）は，2001年の景気後退により過剰在庫22.5億ドルの損金計上をしたにもかかわらず，インターネットを革新的に使用する企業のよい手本となっている．

事例 2-10

（米国のコンピュータ・ネットワーク機器メーカー）シスコの情報主任であるピーター・ソルヴィク（Peter Solvik）によると，「シスコのインターネットを利用したビジネスモデルによって，1994～1998年までの間に13～80億以上という4倍の規模になった．生産性が向上している間，四半期ごとに新しい雇用者を約1,000人雇用し，事業活動費を年間5.6億ドル削減した．」シスコの顧客ビジネスの80％は，インターネットによって行われた．しかし，これは全体像のほんの一部である．実際に，大量消費製品ビジネスの競争の中で差別化をはかるため，シスコは，先端技術を持つ企業を吸収し即座に自分たちのシステムに統合した．シスコは，構成部品だけでなく，ネットワーク・ソリューションも販売している．これには，販売の際に，ハードウェア，ソフトウェア，サービスの調整が必要である場合が多い．こういったサービスやインテグレーション（統合）を提供する能力は，シスコの仮想単一企業システムによって実現している．このシステムは，企業の全活動のバックボーンを提供し，顧客と従業員のつながりだけでなく，チップ製造業者，部品供給業者，契約製造業者，ロジスティクス企業，システムインテグレータをつなげている．これらの関係者はすべて，インターネット上の同じデータ資源をもとに，一つの企業のように機能する．シスコの供給業者はすべて同じ需要情報を参照していて，サプライ・チェイン内の複数地点を通ってきた情報に基づく独自の予測には頼っていない．シスコは，供給業者の在庫を減らすために，動的補充システムも構築した．シスコの，1999年の平均回転率は10回で，競合他社の平均は4回であった．大量消費製品の在庫回転率は，さらにすばらしく，年に25～35回に達している[5]．

これまでに述べてきた事例から次のような疑問が浮かび上がる．いったいなぜ，

こういった新しいビジネスモデルのうち，いくつかは失敗し，いくつかは非常に成功するのか？　もし，デルやシスコがそのような効果的なビジネスモデルを使って成長できたのなら，なぜ他の企業は同じ技術を用いないのか？

この疑問の答えを知るには，インターネットベースのサプライ・チェイン戦略について詳しく知る必要がある．

2.4.1 eビジネスとは何か？

インターネットがサプライ・チェインに与える影響をもっとよく知るために，まず，eビジネスとeコマースの定義を紹介しよう．

- eビジネスとは，インターネット技術によって行われ，幅広い企業活動の向上に焦点を合わせたビジネスモデルとプロセス全般のことである．
- eコマースとは，主要な商取引を電子的に行う能力のことである．

これらの定義から，いくつか注目すべき点が見てとれる．まず，eコマースは，単にeビジネスの一部である．次に，インターネット技術は，ビジネス革新を助ける力である．最後に，eビジネスの焦点は，企業を超えた活動，例えば，組織間取引，企業間取引（B2B），企業と顧客の取引（B2C），の処理である．B2C（business-to-customer）は，「顧客との直接取引」，特に，商品，保険業，銀行業といったものを含むインターネットを介して行う小売活動である．B2B（business-to-business）は，主に企業間でインターネットを介して行うビジネスである．これには，供給者と購入者の共通の目的を達成するためのリアルタイムの情報交換（ユビキタスな）提携も含まれている．

多くの企業が，インターネットがサプライ・チェインの性能に非常に大きく影響することに気がついている．事実，これらの企業は，インターネットによって，これまで多くのサプライ・チェインに用いられてきた押し出し型戦略から抜け出せることを目の当たりにしてきた．最初は，引っ張り型にしようとする動きが強かったが，結局は多くの企業が押し出し・引っ張り型サプライ・チェインに落ち着いている．

2.4.2 食品産業

食品産業について考えてみる．一般的なスーパーマーケットは，予測に基づい

て在庫を倉庫と店舗に持つ押し出し型戦略を採用している．1989年のピーポッドの設立当時，在庫も施設も持たない純粋な引っ張り型戦略を確立する構想だった．顧客が食料雑貨を注文すると，ピーポッドは近くのスーパーマーケットから商品を選定した．この戦略は，品切れ率が8～10%と高く，サービスに深刻な問題があった．ここ数年で，ピーポッドは，多くの倉庫を設置して，ビジネスモデルを押し出し・引っ張り型に変更した．これにより，品切れ率は2%以下になった．この場合，ピーポッドのサプライ・チェインの押し出し型部分は，顧客需要を満たす以前の部分であり，引っ張り型部分は，顧客が注文した時点に始まることに注目してほしい．また，ピーポッドの倉庫は，地理的に広い地域をカバーしているが，これは明らかに，個々のスーパーマーケットが対象としている範囲より広いため，需要情報が多くの顧客と地域の集約になっていて，予測がしやすく，在庫削減につながっていることにも注意してほしい．

　もちろん，オンライン食品産業では，他の企業も，輸送費用削減，非常に短い時間（一般的には12時間以内）での厳しい配達への対応などに挑戦している．残念なことに，現在あるオンライン食品業者は，輸送費用の管理を可能にする顧客数を獲得するに至っていないため，多くのオンライン食品業者が既存のスーパーマーケットに対抗できずに失敗している．実際に，前章で述べた枠組みでは，食品産業は，不確実性が低い製品が多く，輸送費用に関する規模の経済の重要性が高いものに分類されるため，押し出し型戦略のほうが適しているといえる．

2.4.3　書籍出版業

　サプライ・チェイン戦略を押し出し型から引っ張り型にし，その後，押し出し・引っ張り型にしたよい例を，書籍出版業界にみることができる．もともと，バーンズ＆ノーブル（Barnes and Noble）といった書店のサプライ・チェインは，押し出し型だった．1995年に設立されたアマゾン．コムは，倉庫も在庫も持たない純粋な引っ張り型システムだった．実際に，当時はイングラム・ブックグループ（Ingram Book Group）がアマゾンのほとんどの顧客需要に対応していた．

　イングラム・ブックは，多くの顧客や供給業者を集約でき，規模の経済を利用することができた．このようにアマゾン．コムに採用された引っ張り型モデルは，アマゾン．コムがブランド名を確立しようとしていた当時には適切な戦略だった．

本の数と需要が増加するにつれ，二つの課題が明らかになった．まず一つ目は，アマゾン．コムのサービスレベルは，イングラム・ブックのロジスティクス能力に影響を受けており，この能力は，他の書籍販売業者と共有していた．事実，休日の最も需要が多い期間には，アマゾン．コムのサービスレベルは，目標に達していなかった．二つ目は，イングラム・ブックを使うことで，在庫費用はかからなかったが，利益幅が非常に低かった．需要が増えるにつれ，アマゾン．コムの地理的に広い地域の集約ができる能力のおかげで，イングラム・ブックは，不確実性を減らし，さらにイングラム・ブック自体は物流業者を使わなくてもよいため在庫コストを減らしているというのに，アマゾン．コムにとって有利なものを何ら提供してくれていないことが明らかになってきた．アマゾン．コムはこれらの問題点を発見し，考え方を変え，ほとんどの本の在庫を持つ倉庫を各地にいくつか置いている．このように，倉庫での在庫管理は押し出し型戦略であり，それに対し，需要は個々の要求に従って満たされる引っ張り型戦略である．

2.4.4 小売業界

小売業界は，一般的に，仮想店舗との競争への反応や，インターネットによってもたらされる好機に気がつくのが遅かった．しかし最近，展望（状況）が変化してきた，今までインターネットに店舗を持たない企業がインターネットショッピングを行う部分を増設し始めている．インターネットに店舗を持つ大手，ウォルマート，Kマート，ターゲット，バーンズ＆ノーブルに続けというのである．これらの小売業者は，自分達がすでに純粋なインターネット企業に勝る利点を持っていることに気がついている．事実，これらの企業には，すでに流通機構と倉庫の基盤設備を持っているのである．こうして，これらの企業は，既存の倉庫と流通機構を使う仮想小売店舗を築いたのである．

オンライン化の結果，仮想店舗を持つ企業は，在庫を保有するように方針を変更した．大量で動きの速い製品は，長期予測に基づく供給が需要と正確に合うため，店舗に保管した．それに対し少量で動きの少ない製品は，需要の不確実性が高いため高いレベルの安全在庫が必要である．保管を集中管理すると，地理的な需要の集約ができ不確実性が減少するため，在庫レベルが減少する．分析の結果，これらの小売業者は，大量で動きの速い製品には，押し出し型戦略を用い，少量

で動きの遅い製品は，押し出し・引っ張り型戦略を用いている．もちろん，伝統的な店舗から仮想店舗への移行は簡単ではなく，伝統的な店舗販売を行っていた企業にはない技術が必要な場合がある．

事例 2-11

　ウォルマートは，いつも自己のロジスティクス運用に誇りを持ってきた．そのため，ウォルマートが，1999年秋に立ち上げたオンラインストア，ウォルマート．コムの注文，納品，倉庫業務に他企業を採用すると発表した際には，非常に驚かれた．フィンガーハット・ビジネスサービス（Fingerhut Buisiness Services）がウォルマートのオンラインショップの黒子の役割をした．個々の注文をさばけるといった背景から，フィンガーハットは，宅配指向の小売業者やオンライン小売業者に，第三者として配送サービスを提供する主要企業として浮上した．フィンガーハットは，サービスが始まった際にウォルマート．コムに，インターネットによる注文納品，倉庫業務，出荷作業，支払い処理，顧客サービス，商品の返品業務を提供した．

2.4.5 輸送と納品への影響

　こうやって，さまざまな産業におけるサプライ・チェイン戦略の発展過程を見直してみると，次のような洞察が得られる．つまりインターネットや新しいサプライ・チェインの仕組みが，納入戦略の移り変わりをもたらしている．つまり，ケース単位の大量輸送から単品の少量輸送へ，少数の店舗への輸送から地理的に広い範囲の顧客への輸送へ，移り変わっている．

　表2.2は，納入戦略におけるインターネットの影響をまとめたものである．サプライ・チェインにおける新たな展開は，小包やLTL（小口貨物）業界にとって非常に朗報である．引っ張り型と，押し出し・引っ張り型システムは，大量輸送よりも，小包のような個別発送に非常に多く頼っている．特に，インターネット納品などの，B2C（企業から顧客へ）場面ではそうである．

　輸送業界におけるインターネット納品のもう一つの影響は，リバース・ロジスティクスの著しい増加である．実際に，B2C場面においては，インターネット

表 2.2 伝統的納品 対 インターネット納品

	伝統的納品	インターネット納品
サプライ・チェイン戦略	押し出し型	押し出し・引っ張り型
輸配送	大量輸送	宅配
リバース・ロジスティクス	ビジネスの小さな部分	重要かつ非常に複雑
配送先	少数店舗	地理的に広い範囲の大量の顧客
リード時間	比較的長い	比較的短い

納品を行うということは，一般的に，供給業者が多くの返品を処理する必要があり，そのどれもが小口の輸送となることを意味している．なぜなら，オンライン小売業者は，返品条件を寛大にして，顧客の信頼を築く必要があるからである．小包配送には，すでにこういった返品処理がつきものになっていて，B2C での主要課題であり，B2B 取引でも問題になる場合が多い．これまでまったく宅配サービスに関与していなかった LTL 産業にとって，これは難題である．

インターネット納品のロジスティクスには，短いリード時間で，全世界の顧客にサービスする能力と，B2C から C2B に簡単に流れを逆にする能力が必要である．これができるのは，宅配だけである．実際に，宅配業者が有利な点は，リアルタイムで追跡可能な優れた情報基盤が存在していることである．

このように，宅配業，とりわけ，顧客のサプライ・チェインに自分たちのシステムを統合するように変革の努力をおしまない運送業や混載業者の将来は約束されているように思われる．

◆ 2.5 ロジスティクス戦略 ◆

ここでは，製造業者と供給業者から，小売業者まで（小売商品の場合）のサプライ・チェインの一部分について考えてみる．一般的に，次に挙げる 3 種類の外向きロジスティクス戦略が使われている．

① **直接配送**：この戦略では，物流センターを通らず，供給業者から小売店に直接商品が配送される．
② **倉庫保管**：これは従来からの戦略で，倉庫に在庫を保管し，必要とする商品を顧客に提供する．
③ **クロスドッキング**：この戦略では，継続的に，供給業者から倉庫を通り顧

客に配送される．しかし，製品が倉庫に10～15時間以上留まることは，ほとんどない．

伝統的な倉庫戦略については，第3章でもう少し詳しく説明する．ここでは，直接配送とクロスドッキングについて説明する．

2.5.1　直接配送

直接配送戦略は，倉庫と物流センターを回避するためにある．直接配送を用いれば，製造業者や供給業者は，商品を小売業者に直接配送する．この戦略には次のような長所がある．

- 小売業者は，物流センターを管理するための出費が避けられる．
- 納入にかかるリード時間が削減できる．

この直接配送戦略には，重大な欠点もいくつかある．

- 集中管理するための倉庫がないため，リスク共同管理（これについては第3章で説明する）ができない．
- 多くの場所に小型トラックで配送しなければならないため，製造業者と物流業者の輸送費用が増加する．

これらの理由から，直接配送は，小売店からトラック満載の注文があった場合が一般的である．つまり，倉庫は輸送費用の削減に関与していない．直接配送が行われるのは，影響力のある小売業者に指示されたり，リード時間が重要である場合が多い．製造業者は直接配送を行うのを嫌がるが，取引を続けるために選択の余地がない場合もある．生鮮食品にはリード時間が重要であるため，食品産業にも直接配送が普及している．

事例　2-12

J. C. ペニー（J. C. Penny）は，直接配送戦略の導入に成功した．J.C.ペニーは，数千店近い店舗と数百万ものカタログで雑貨を販売している．2万以上の供給業者からの20万品目以上の商品の流れを管理するのは，非常に大変な業務である．個々の店舗が，販売，在庫，利益に全結果責任を負い，販売予測と注文にも責任を負う．注文は，仕入れ担当に伝達され，すばやい

対応ができるように物流担当と調整し，物品の流れを監視するために追跡システムが使われている．多くの場合，商品はペニーの店舗に直接配送される．

2.5.2 クロスドッキング

クロスドッキングというのは，ウォルマートが採用したことで有名になった戦略である．このシステムでは，倉庫は在庫の保管場所というより，在庫の調整場所として機能する．典型的なクロスドッキング・システムでは，商品が製造業者から倉庫に到着し，小売業者に配送する輸送手段に積み替えられ，可能なかぎり早く小売業者に配送される．商品は倉庫にほんの短時間しか保管されない．ほとんど12時間以下である．このシステムでは，在庫費用を抑え保管時間を減らすことでリード時間を削減している．

もちろん，クロスドッキングシステムには，かなりの初期投資が必要であり，次のような事柄を達成するのが難しい．

① 要求された時間枠内に集荷と配送が確実に完了するように，物流センター，小売業者，供給業者が高度の情報システムでつながっていなければならない．
② 迅速で即応性の高い輸送システムが，クロスドッキングの運営には不可欠である．
③ 予測がきわめて重要となるので，情報の共有化が必要となる．
④ クロスドッキング戦略は，クロスドッキング・ポイントとなる施設において，常に多くの運搬車両が荷物の積み下ろしをしているような巨大なロジスティクスシステムにだけ有効である．このようなシステムでは，供給業者から倉庫まで毎日トラックを満載にして配送できるだけの十分な量があり，たいがい多くの小売業者が含まれているため需要が十分であり，到着した商品を直ちにクロスドッキング施設から小売店にトラックに荷物を満載して配送できる．

事例 2-13

ウォルマートの過去15～20年間の途方もない市場成長は，在庫補充と輸送政策を調整する効果的な戦略が重要であることを明らかにした[6]．この期

間に，ウォルマートは，世界最大で最も収益を得ている小売企業にまで発展した．ウォルマートの競争力のある戦略の主要構成要素の多くは，その課題に重要であったが，多分，最も重要であったのは，クロスドッキングを熱心（積極的）に利用したことであろう．ウォルマートは，Kマートが50%であったのに対し，製品の85%をクロスドッキングを使って配送している．クロスドッキングを円滑にするために，ウォルマートは，独自の衛星通信システムを活用しすべての仕入先にPOSデータを送り，全店舗に販売の明確な状況を把握させている．さらにウォルマートは，2,000台ものトラックを配備し，平均1週間に2度，店舗の在庫補充を行った．クロスドッキングのおかげで，ウォルマートは，トラック満載の購買活動ができ，規模の経済が達成できた．そのため，安全在庫の必要性が減り，販売費用がこの業界の平均値より3%も低い値にまで削減できたことが，ウォルマートの採算（利益幅）が高かった主な理由である．

これらの戦略の一つだけを使っている小売業者はほとんどない．一般的には，製品によってさまざまな手法が使われ，特定の製品や製品群ごとにサプライ・チェインを分析し，適切な手法を決定しなければならなくなっている．

こういった考え方を評価するため，簡単な疑問から考えてみよう．ロジスティクス戦略の影響要因は何か？明らかに，顧客需要，場所，サービスレベル，輸送費と在庫費用も含む費用など，ロジスティクスに影響を与えるすべてのものである．注目すべきは，在庫費用と輸送費用の相互作用である（第3章参照）．輸送費用と在庫費用は，どちらも輸送量に依存するが，その関連の仕方は逆である．1回の輸送量が大きくなれば，配送の頻度が減り，発送者は発送量による価格割引を利用でき輸送費用を削減できる．しかし，ロットサイズが大きくなると，商品が消費されるまでの期間，長く在庫として留まるため商品ごとの在庫費用が増加する．

需要変動もロジスティクス戦略に影響を与える．第3章で説明するが，実際に，需要変動は費用にかなり影響する．変動が大きくなれば，さらに多くの安全在庫が必要になる．このように倉庫に在庫を持ち，需要変動と不確実性，リスク共同管理に備えられるが，物流業者が倉庫を多く持てば，さらに安全在庫が必要にな

表2.3 ロジスティクス戦略

戦略→ 属性↓	直接配送	クロスドッキング	倉庫保管
リスク共同管理 輸送費用 保管費用 配分決定の時期	倉庫費用なし	内向き費用削減 保管費用なし 遅延化可能	有利 内向き費用削減 遅延化可能

る．反対に，クロスドッキング戦略のように倉庫を在庫の保管に使わない場合や，直接配送のようにまったく倉庫を持たない場合は，ロジスティクスシステム内に安全在庫が必要になる．どちらの場合でも，各店舗は十分な安全在庫が必要なため当然である．しかし，こういった影響は，ロジスティクス戦略により，うまく需要を予測し，安全在庫を減らし，（後で述べるような）輸送戦略により緩和できる．さまざまな戦略を評価するには，それぞれの選択肢に必要な資本投資同様，リード時間と要求量も考慮しなければならない．

表2.3に，この節で説明した3種類のロジスティクス戦略をまとめ，比較した．倉庫保管戦略は，従来からのロジスティクス戦略であり，倉庫に在庫を保管するものである．表にある「配分決定の時期」の行は，製品ごと小売店ごとの商品の配分を決める時期を示している．明らかに，直接配送戦略では，クロスドッキングや倉庫戦略より早く決定を下さなければならず，長期にわたる予測が必要となる．

2.5.3 在庫転送

高速輸送の選択肢の増加，情報システムの高度化により，サプライ・チェイン戦略を決定する際に，転送が重要な選択肢の一つとなった．つまり，急な要求に応じて，サプライ・チェイン内の同レベルの施設で商品を配送するのが，転送である．

転送が一番多く行われるのは小売店レベルであろう．先に述べたように，転送が可能ならば，小売店は他店の在庫から顧客需要を満たすことができる．そのためには，小売業者は，他の小売業者の在庫に何があるか把握していて，顧客が当初購入しようとしていた店舗や，購入をあきらめて家に帰るより早く，発送を手配する方法を確保している必要がある．これらの要求をかなえるには，小売業者

が，他店が持っている在庫を確認でき，小売店間のすばやい転送を円滑にする高度な情報システムが必要である．

適切な情報システムがあり，発送費用が妥当で，全小売店の経営者が同じであるならば，転送は理にかなっている．この場合，システムは，たとえ集中管理倉庫がなくとも，巨大な共同体の一部として，別の小売店の在庫をみることができ，効果的にリスク共同管理の概念を利用できる．

しかし独立経営管理されている小売店は，競合相手を助けることになるため，転送は避けたがるだろう．

◆ 2.6　集中管理 対 分散管理 ◆

集中管理システムでは，サプライ・チェーン・ネットワーク全体の中枢部分で決定がなされる．一般的に，特定のサービスレベル要求を満たしながら，システムの全体費用を最小化することが目的である．これは，ロジスティクス・ネットワークが単一組織によって経営されている場合に当然であるが，多くの異なる組織を集中管理している場合にもいえることである．この場合，削減分や利益は，契約などの手段を使ってロジスティクス・ネットワーク全体で配分する必要がある．すでに見てきたように，集中管理は大域的最適化につながる．

集中管理型ロジスティクス・ネットワークは，理論的には，分散管理型より効率がよいということは容易に理解できる．なぜなら，集中管理型の意思決定者は，分散管理型の意思決定者が個々に下す決定をすべて決定できるし，サプライ・チェーン・ネットワーク内のさまざまな施設で下される決定の相互作用を考慮することができるからである．

各施設がその施設内部の情報しか利用できないロジスティクス・ネットワークでは，集中管理戦略は不可能である．しかし，情報システムを進歩させれば，集中管理型システム内の全施設が一部のデータを利用できる．これが統一窓口方式によるアクセスである．この場合，サプライ・チェーン内のどこからでも情報を利用でき，どのような紹介手段でも，誰が情報を検索しても，同じ情報が得られる．このように，集中管理システムにより，情報の共有ができ，さらに重要なのは，鞭効果を低減し予測を改善するためにこの情報を利用できることである．そ

して，集中管理により，システム全体にわたって調整された戦略，つまりシステム全体の費用を削減しサービスレベルを向上させるような戦略を使用できるようになる．

もちろん，システムを「自然に」集中管理できない場合もある．小売業者，製造業者，物流業者が，それぞれ経営者が違い，目標も違うことがある．こういった場合は，集中管理型システムの利点を生かせるような提携を結ぶことが役立つ場合が多い．また，詳細な供給契約が有効であり，これについては，第4章でさらに詳しく説明する．

◆ 2.7 集中型施設 対 分散型施設 ◆

サプライ・チェイン設計のもう一つの重要な決定事項に，生産と倉庫に，集中型施設を使うか分散型施設を使うかということがある．第3章において，この決定を行うためのいくつかの要素について説明するが，ここではさらに重視すべき事柄についてまとめる．

安全在庫：倉庫を一元管理すれば，ベンダー（供給業者）はリスク共同管理をうまく利用できる．一般的に，業務が集中化されるほど，安全在庫レベルは低くできる．

間接費：規模の経済は，いくつかの大きな集中型倉庫で運営したほうが，たくさんの小さな倉庫で運営するより，総間接費を低く抑えられることを示している．

規模の経済：多くの製造作業において，統合を行えば，規模の経済が達成可能である．いくつかの大きな倉庫を運営するより，たくさんの小さな倉庫を運営するほうが，合計した能力が同じであっても，さらに費用がかかる．

リード時間：市場へのリード時間は，市場地域に近い場所に多くの倉庫があれば短縮できる．

サービス：これは，サービスの定義による．先に示したように，集中型倉庫を使えばリスクの共同管理ができる．つまり，さらに低い総在庫レベルで，さらに多い注文を満たすことができる．逆に，倉庫から小売店への配送時間は長くなる．

輸送費用：輸送費用は，使用する倉庫の数に直接関係してくる．使用する倉庫の数が増えると，製造施設から倉庫までの総移動距離が長くなるため，輸送費が増える．さらに重要なのは，数量割引が適用されにくくなることである．しかし，倉庫からの小売店への輸送費用は，倉庫が市場地域に近づく傾向があるため，減少するだろう．

もちろん，ロジスティクス戦略の効果的高めるために，いくつかの製品を集中施設に保管し，その他の製品をさまざまな地域の倉庫に保管することも可能である．例えば，需要の少ない非常に高価な製品を，集中倉庫に保管し，価格の安い顧客需要の高い製品は，多数の分散倉庫に保管する．さらに，製品と倉庫の集中と分散は，必ずしも二者択一の問題ではない．分散と集中には段階があり，先に述べたようなさまざまな度合いの長所と短所がある．最後に，高度情報システムを用いれば，どちらのタイプのシステムであっても，もう片方のタイプの長所を生かすことができる．例えば，集中倉庫からのリード時間を短縮し，分散倉庫の安全在庫を減らすことも可能である．

◆ 2.8 ま と め ◆

近年，多くの企業が，業績の改善，費用削減，サービスレベルの向上，鞭効果の緩和，市場変化への反応性の改善を，サプライ・チェーンを統合することによって達成してきた．これらがうまくいったのは，多くの場合，押し出し・引っ張り型戦略を実行するか，需要主導型戦略に注目したためである．特に，インターネットは，サプライ・チェーン戦略に革命を起こすきっかけをもたらした．実際に，デル・コンピュータやシスコといった巨大企業の成功や，新しく設立したアマゾン．コムのような飛躍的な資本力は，インターネットを巧妙に利用したサプライ・チェーン戦略のおかげであろう．

同時に，多くのインターネット企業の敗退は，eビジネスが好機であり難関でもあることを警告してくれている．こういった挑戦の鍵となるのは，特定の企業とその固有の製品にとって適切なサプライ・チェーン戦略を見つける能力である．実際に，インターネット企業が信じていた，新時代の経済活動においては独自の物理的基盤設備や在庫を持つ必要がないという前提は，多くの場合，悲惨な

結果になっている．新しいサプライ・チェインの例である，押し出し・引っ張り型戦略では，サプライ・チェインの上流側で在庫を持つことを推奨している．

　もちろん，伝統的な企業でさえ，効果的なロジスティクス戦略を持つ必要がある．従来の倉庫保管，クロスドッキング，転送といったすべての戦略が，状況により，在庫とロジスティクス費用を管理する効果的な方法となりえる．

第3章

ネットワーク計画

◆ 3.1 はじめに ◆

　サプライ・チェインは，供給業者，製造拠点，倉庫，配送拠点，小売業者，それから各施設間を流れる原材料，仕掛品在庫，製品在庫で構成されている．残念なことに，第1章で述べたように，サプライ・チェインの性能を最適化することは，次のような原因で非常に難しい．

- さまざまな矛盾する目標があり，さらにそれらの間にトレードオフがあること
- 供給と需要の両方に不確実性があること
- 鞭効果に代表されるようにサプライ・チェインが動的（時間に依存したシステム）であること

　この章では，ネットワーク計画と呼ばれる事柄に注目する．これは，企業がサプライ・チェインを構築し管理するプロセスであり，目的は次のようなことである．

- 在庫，輸送，製造にかかる費用の適切なバランスを見つける
- 在庫を効果的に配置・管理し，不確実な状況下で需要と供給を合わせる
- 動的な環境の中で資源を有効に活用する

　もちろん，これは複雑なプロセスであり，費用削減とサービスレベルの向上のためには，ネットワークの設計，在庫の配置と管理，資源稼働率を組み合わせた段階層的な手法が必要である．このため，ネットワーク計画のプロセスを次のよ

うに三つのステップに分けた．
① **ネットワーク設計**：このステップには，工場と倉庫の数と位置ならびにそれらの規模，小売店への倉庫の割当などが含まれる．主な調達先の決定もこの段階で行われ，数年間にわたる長期的な計画をするのが一般的である．
② **在庫の配置と管理**：このステップでは，在庫地点の設定とともに，在庫を保管するために生産を行う施設，受注に応じて生産を行うため在庫を持たない施設の選択を行う．また，需要と供給の不確実性，リード時間，費用などを考慮した在庫管理戦略も含まれる．
③ **資源の割当**：ロジスティクス・ネットワークの構造と在庫地点の位置が決められた後で，このステップでは，いつ・どのくらい生産あるいは購入し，いつ・どこで在庫を保管するかである．これらの決定には，ビジネス規約や制約とともに，生産，資源，倉庫の能力を考慮した，段取り費用と時間と在庫・輸送費用間の最適なトレードオフを明らかにする必要がある．

この章において，これらの3ステップのそれぞれを分析し，例を用いて説明する．

◆ 3.2 ネットワーク設計 ◆

ネットワーク設計では，サプライ・チェインの物理的な形状や基盤を決定する．第1章で説明したように，ネットワーク設計は，企業に長期的な影響を与える戦略的決定である．ネットワーク設計には，流通や調達先の決定だけでなく，工場と倉庫の位置に関する決定も含まれている．

サプライ・チェインの基盤となる設備は，一般に，需要傾向，製品ミックス，生産プロセス，調達戦略，施設の維持費用変化に応じて，再評価する必要がある．さらに，企業の合併や買収によりロジスティクス・ネットワークを統合し直さなければならない場合もある．

この節では，次に挙げる戦略的決定事項に注目する．
① 工場や倉庫などの適切な施設数の決定
② 各施設の位置の決定
③ 各施設の規模の決定
④ 各施設における製品のスペース割当

⑤ 各工場で生産を行う製品の決定
⑥ 資材の調達先の決定
⑦ 輸送戦略の決定

目的は，要求されるさまざまなサービスレベルを満たすために必要なシステム全体の年間費用を最小化するために，ロジスティクス・ネットワークを設計または変更することである．この費用には，生産と購買費用，在庫保管費用，設備費用（保管，処理，固定），輸送費用が含まれている．倉庫の数が増えることによるトレードオフは明らかであり，次のようなことになる．

- 顧客への平均輸送時間削減のためサービスレベルが改善
- 各倉庫が顧客需要の不確実性に対処するため必要な安全在庫が増加し，在庫費用が増加
- 間接費と設備費の増加
- 外向き輸送費用（倉庫から顧客への輸送）の削減
- 内向き輸送費用（供給業者，製造業者から倉庫への輸送）の増加

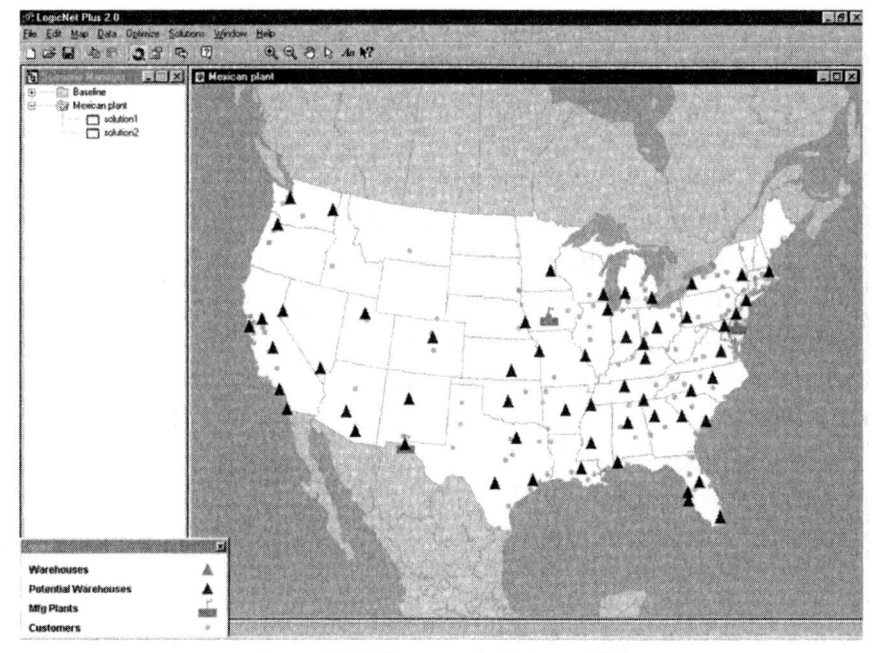

図 3.1 最適化前のデータを表した DSS 画面

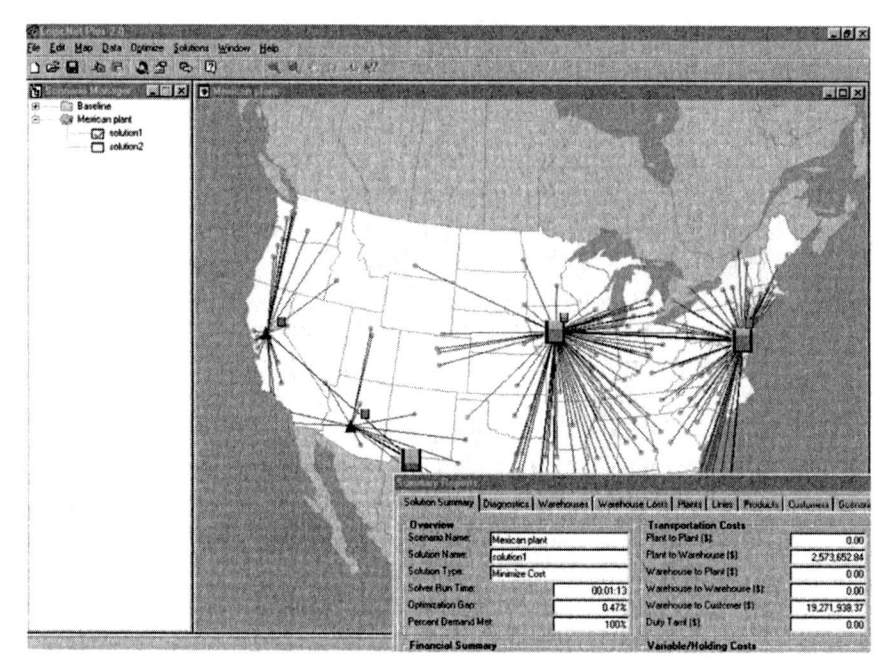

図 3.2 最適化後のロジスティクスを表した DSS 画面

基本的に，企業は，新しい倉庫の開設費用と，顧客との距離を縮める利点とのバランスを考えなければならない．倉庫の位置を決定することは，サプライ・チェインの効率性を決める非常に重要な決定事項である．

これから，最適化モデルに必要なデータ収集と費用計算に関連した問題をいくつか述べていく．提供されている情報の一部は，ロジスティクスの教科書をもとにしている[1〜3]．

図 3.1 と図 3.2 は，典型的な意思決定支援システム（DSS）の画面である．使用者はさまざまな最適化の段階でこういった画面を目にするだろう．図 3.1 は，最適化前のデータ，図 3.2 は，最適化後のネットワークを表している．

3.2.1 データ収集

一般的なネットワーク構成問題を解決するには，大量のデータを収集する必要がある．例えば，次のような情報が必要である．

① 顧客，小売店，既存の倉庫・配送拠点，工場設備，供給業者の位置
② 容量，特別な輸送形態（例えば，冷凍輸送）を含む全製品の情報
③ 各製品の地域別の年間需要
④ 輸送形態の違いによる輸送料金
⑤ 人件費，在庫保管費，運営固定費を含む倉庫費用
⑥ 顧客への配送単位と頻度
⑦ 注文の処理費用
⑧ 顧客に対して必要とされるサービスとその目標
⑨ 生産と外部委託の費用と能力

(1) データの集約

上に挙げた必要情報のリストを少し見ても，この問題に対する最適化モデルには，どれも莫大な量のデータが関与していることがわかる．例えば，典型的な清涼飲料の配送システムでは，1万から12万にものぼる取引先（顧客）を対象としている．同様にウォルマートやJ. C. ペニーなどの小売業者のロジスティクス・ネットワークでは，流れる製品の種類数が，数千から数十万にものぼるといわれている．

このような理由から，最初の重要な段階はデータの集約である．データの集約は，次の手順で行われる．

① 互いに近接する顧客を，メッシュ（地域を格子状に分割したもの）やその他の区分技法を用いて集約する．一つの区分単位内に含まれるすべての顧客は，区分単位内の中央に位置する単一の顧客に置き換えられる．この区分単位は顧客区域と呼ばれる．一般的に用いられている非常に有効な手法は，郵便番号によって顧客をまとめる方法である．また，顧客を配送のサービスレベルと頻度によって分類すれば，顧客が各分類ごとに集約されることになる．つまり同じ分類内のすべての顧客が，その他の分類と区別して集約されることになる．

② 以下のことを基準として，製品を適当な数の製品群に集約する．

a) 配送パターン：同じ発送元で収集し，同じ顧客へ配送する製品はすべて一つに集約される．場合によっては，配送パターンだけでなく，重量や容積のようなロジスティクスの特徴によって集約されることもあり，すべての製品が同じ配送パターンを持っている場合に考慮される．このような製品では，

容積と重量が同じような製品保管単位を一つのグループとして集約する.

b) **製品の型**：多くの場合，製品の違いというのは，単に製品の形式や様式の違いであったり，梱包の仕方の違いにすぎない．このような製品は，一つに集約される.

もちろん，もとの詳細なデータの代わりに集約されたデータを使用した場合，モデルの精度がどの程度悪化するかを考慮しておくことが重要である．これに関して2通りの視点からみてみる.

① 仮に，もともとの詳細なデータを用いてロジスティクス・ネットワーク設計問題を解く技術が存在したとしても，やはり集約されたデータを使用したほうが有効だろう．なぜならば，取引先と製品ごとに顧客需要を予測することはきわめて難しい．集約されることで変動が低減され，集約された需要予測のほうがはるかに正確になるからである.

② さまざまな研究者の報告によると，約150〜200の点に集約されたデータは，通常，全輸送費の見積りに対して1％以下の誤差しか生じない[1,4].

実際にデータを集約する際に，一般に次のような指標が使われる.

● 需要を表す点を150〜200の区域にまとめる．顧客をサービスレベルと配送頻度によって分類するならば，各分類ごとに150〜200の集約された点を生成する.

● 各区域の総需要量はほぼ同じになるようにする．この場合，各区域の地理的な広さは異なっている可能性がある.

● 区域の中心に集約点を置く.

● 製品を20〜50の製品群に集約する.

図3.3は，北米に存在する3,220件すべての顧客の情報を示し，図3.4は，同じ顧客データを3桁の郵便番号に基づいて217の点に集約したものを表している.

(2) 輸送価格（料率）

次に，効率的なロジスティクス・ネットワークを設計するために，輸送費を見積もる．トラック，鉄道や他の輸送手段を含め輸送価格を決める際の重要な特徴は，輸送量ではなく，輸送距離にほぼ比例して価格が決まることである．ここでは，自社の車両と他社の車両を利用した場合の輸送費を分けて考える.

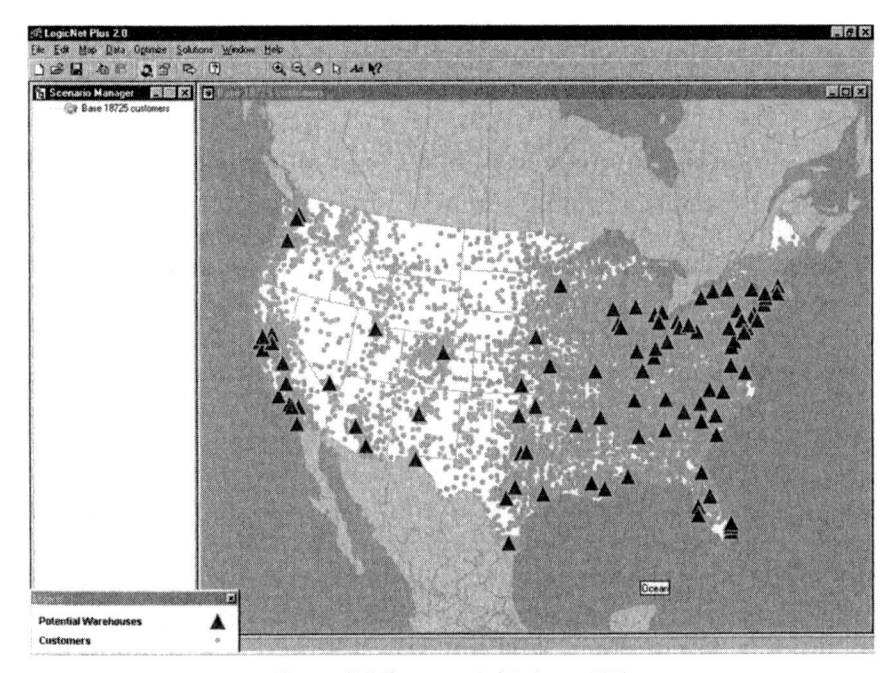

図 3.3 集約前のデータを表した DSS 画面

　自社所有のトラックによる輸送費の見積りは，通常は簡単である．トラックごとにかかる年間費用，トラックごとの年間輸送距離，年間配送量，トラックの積載容量を見積もればよい．これらの情報をもとに，簡単に製品保管単位ごとの1マイルあたりの費用を計算することができる．

　他社の車両を利用した場合の輸送費用を輸送のモデルに組み込むと，輸送費の見積りは自社輸送よりはるかに複雑になる．ここで，我々は，トラック1台分の積み荷による輸送（トラック1台貸切）を TL（TruckLoad），トラック1台分より少ない積み荷による輸送（例えば，宅配便で小荷物を一つだけ輸送するなど）を LTL（Less than TruckLoad）として，2種類の輸送モデルに分ける．

　米国では，TL 業者は料金設定のため国内をいくつかの地域に分割している．フロリダやニューヨークなどの大きな州は，二つの地域に分割しているが，ほぼすべての州は一つの地域となっている．TL 業者は，地域間の輸送費用を顧客に提供している．このデータベースには，二つの地域間の1マイルあたり，トラッ

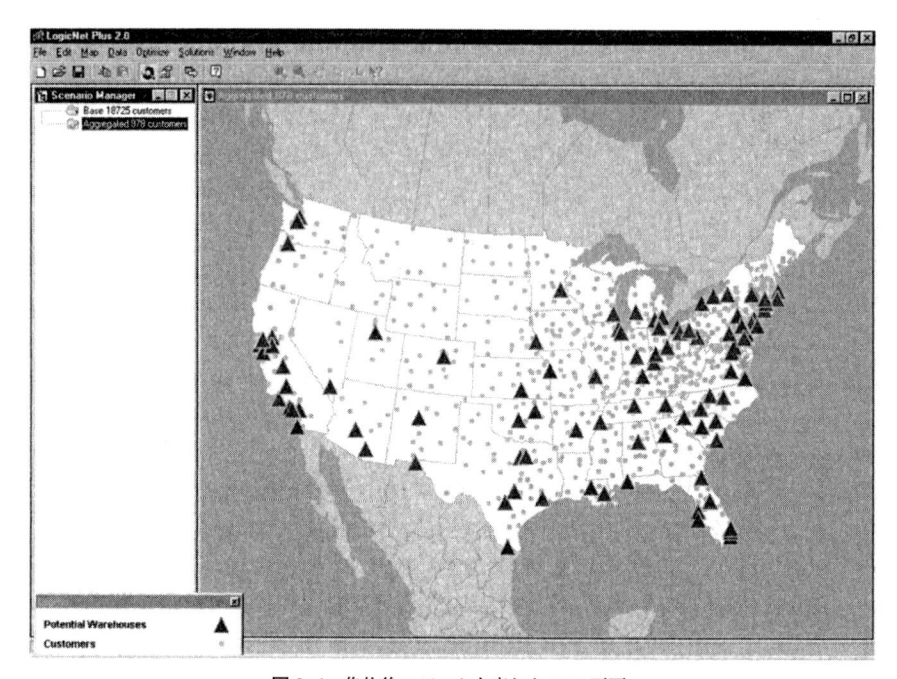

図 3.4 集約後のデータを表した DSS 画面

ク1台あたりの費用が載っている．例えば，イリノイ州のシカゴから，マサチューセッツ州のボストンまでの TL 費用を計算するには，シカゴとボストン間の距離をそのマイルあたりの費用にかけ合わせればよい．TL の費用が対称でないということが重要な特徴である．往復の費用が同じでないことである．一般に，ニューヨーク州からイリノイ州へトラックで輸送するより，イリノイ州からニューヨーク州へ輸送するほうが運賃は高い．

　LTL 産業では，運賃は基本的に次の3種類に分けられる．つまり，等級別，例外，特定商品である．この等級別運賃は通常使われるもので，ほとんどすべての製品や商品に適用される．また，この運賃は，各輸送品の運賃と等級を定めている等級料金表で知ることができる．例えば，鉄道運賃の等級には，広範に使われている統一等級料率表（Uniform Freight Classification）によると（荷物の運びづらさを表す指標が）400〜13 までに分類された31 等級がある．一方，（米国）国内自動車等級料率表（National Motor Freight Classification）には，500〜

35までの23等級しかない．しかし，どの等級表でも，運賃もしくは等級が上になればなるほど，荷物の輸送運賃は比較的高くなる．製品の等級を決定する要素は数多くある．例えば，製品の密度，取り扱いや輸送の容易度・困難度，破損に対する責任などである．

いったん，運賃が決まると，運賃基礎番号を確認する必要がある．この番号は，積み荷の出発地点と到着地点間のおおよその距離を表したものである．荷物の等級と運賃基礎番号を使って，運送業者の料金表から，100ポンドあたりの輸送にかかる具体的な運賃を知ることができる．

その他の2種類の運賃，「例外」，「特定商品」は，特別運賃であり，割安運賃（例外），荷物独自の運賃（特定商品）として適用される[2,5]．ほとんどの運送業者は，輸送運賃のすべてを網羅したデータベース・ファイルを提供しており，通常，意思決定支援システムに組み込まれている．

LTL輸送の運賃等級の増加や，トラック輸送業界の非常に細分化された特性から，精巧な運賃決定方法の必要性が高まってきている．そのような運賃決定方法の一例が，SMC3のRate Wareである（www.smc3.com参照）．この手法は，CzarLite（郵便番号に基づく料金表であり国内で幅広く使われているものの一つ）と併せて，種々の運送業者の料金表と違い，地域内外そして全国のLTLの市場価格をもとにした賃料表を提供する．CzarLiteは，各運送業者独自の料金表とは違い，地域，地域間，国内のLTLの料金研究から得られた市場に公正な運賃決定制度を提供している．個々の運送業者の業務内容や販売促進活動の偏りが，荷主の選択に公然と影響を与えないようにしている．結果的に，荷主，運送業者，3PL（3rd-party logistics）業者間のLTL契約交渉の基礎資料として，CzarLiteはよく用いられている．

図3.5に，ある運送業者がシカゴから4,000ポンドの荷物を輸送する際の距離による料金を示した．料金は100等級と150等級の2等級のものである．図からわかるように，輸送費用は距離に比例していない．

(3) 倉庫費用

倉庫や物流センターでかかる費用は主に三つの要素からなる．

① **運営費**：これには，倉庫の年間製品通過量に比例する人件費と設備費が含まれる．

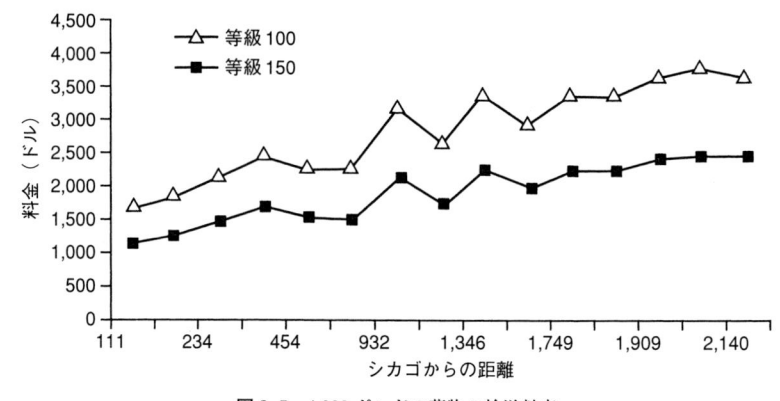

図 3.5 4,000 ポンドの荷物の輸送料率

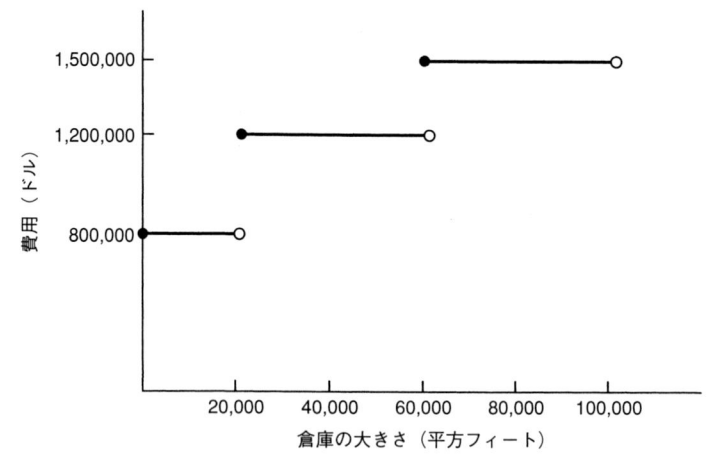

図 3.6 倉庫の大きさの関数で表した倉庫の固定費

② **固定費**：これは，倉庫の物資通過量に比例しない費用のすべてである．この固定費は，通常，倉庫の大きさ（容量）につれて大きくなるが，その関係は非線形である（図 3.6 参照）．図に見られるように，倉庫の大きさがある範囲内では，この費用は一定で階段関数となる．

③ **保管費**：これは，在庫保管費用を表しており，平均在庫レベルに比例する．

このように，運営費の見積りは比較的簡単であるが，固定費と保管費の見積りは非常に難しい．この違いを知るために，1 年を通してある顧客が 1,000 個の製

品を注文していると考えてみよう．これら，1,000個は倉庫を同時に通り抜ける必要はないため，平均在庫レベルは1,000個を大きく下回るであろう．そのため，意思決定支援システムで利用できるデータを構築するために，年間製品通過量を実際の在庫量に変換する必要がある．同様に，この製品の年間製品通過量と平均在庫レベルがわかっても，倉庫にその製品のためのスペースがどれだけ必要かはわからない．なぜなら，倉庫が必要とするスペースの大きさは，年間通過量や平均在庫レベルではなく，在庫レベルの最大値に比例するからである．

この問題を解決する効果的な方法としては，在庫回転率の利用がある．在庫回転率は次のように定義される．

$$在庫回転率 = \frac{年間売上量}{平均在庫レベル}$$

この場合，在庫回転率は，1年間に倉庫を通過する製品量の合計（年間売上に相当）と平均在庫レベルの比率である．そのため，平均在庫レベルは，年間の製品通過量を在庫回転率で割れば得られる．また，平均在庫レベルに在庫保管費をかければ，年間の保管費が得られる．最後に，固定費を計算するために，倉庫容量を見積もる必要がある．これは，次の(4)で説明する．

(4) 倉庫の容量

ロジスティクス・ネットワーク設計モデルに重要なもう一つの入力項目は実際の倉庫の容量である．倉庫を通る特定の物資の年間通過量が与えられたとき，どのように必要な倉庫の容量を見積もればよいのだろうか．ここでも，在庫回転率が適切な方法を示してくれる．先に述べたように，倉庫の年間製品通過量を在庫回転率で割れば，平均在庫レベルが計算できる．図3.7に示すように時間ごとの出荷量が一定であると仮定すると，必要な倉庫スペースは，平均在庫レベルのほぼ2倍である．実際には，もちろん，倉庫に置かれているパレットの取り出しや作業を行うために，ある程度の製品を置かないスペースが必要である．そのため，ピッキング，仕分け，処理設備，さらに無人搬送車（AGV）や通路に必要とされるスペースをも考慮して，実際に必要なスペースを考慮するために，通常，ある係数をかける．この係数は倉庫の役割に依存しており，この係数をかけることで，必要とされる倉庫スペースの大きさをより正確に知ることができる．実際によく使用されている係数値は3である．この係数は，次のように使用される．倉

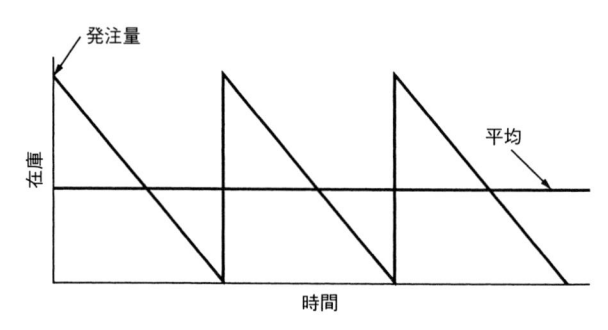

図3.7 時間の関数で表した在庫レベル

庫を通る年間製品通過量が1,000個で，在庫回転率が10.0であると仮定する．これは，平均在庫レベルが100個（= 1,000 ÷ 10.0）であることを示す．ここで，もし1個あたり10平方フィートの床面積を占めるとすれば，製品に必要なスペースは，2,000平方フィート（= 100 × 10 × 2，つまり平均在庫レベルの2倍のスペースが必要である）となる．そのため，倉庫に必要なスペースの総量は，約6,000平方フィート（= 2,000 × 3）となる．

(5) 施設の候補地

新しい工場や施設の候補地を，効率的に見つけ出すことも重要である．通常，候補地は，次のような条件を満たしていなければならない．

- 地理的，あるいは社会的生産基盤の状況
- 天然資源と労働力の確保
- 地域産業と税制
- 公共の利益

結果として，すべての条件を満たせるのは，ほんの一握りの場所しかない．そのような場所こそが，新しい施設の候補地となる．

(6) 要求されるサービスレベル

サービスレベルの定義方法はいくつかある．例えば，各顧客とその顧客に製品を配送する倉庫との最大距離によって定義する場合がある．これにより，倉庫は，妥当な時間内に確実に顧客へ製品を届けることができる．しかしながら，ときには，田舎や孤立した地域の顧客に対しては，ほかの顧客が受けられるのと同等のサービスレベルを提供することが，困難である．このような場合，ある一定の距

離を決め，倉庫までの距離がその距離以下である顧客の割合を決めておくと，サービスレベルを定義する際に役に立つことが多い．例えば，製品を出荷する倉庫の 200 マイル以内に顧客の 95%が存在することなどである．

(7) 将来の需要

第 1 章で見たように，ロジスティクス・ネットワーク設計を含む戦略レベルの決定は，企業に長期的な影響を与える．特に，施設の数，位置，大きさにかかわる決定は，少なくとも 3〜5 年間，企業に影響を与えるものである．そのため，ロジスティクス・ネットワークを設計する際に，今後数年間の顧客需要の変化を考慮する必要がある．この種の問題を処理するには，正味現在価値の計算を組み込んだ，シナリオベース・アプローチを使うことが多い．例えば，計画期間にわたる将来の需要の動向を表した，いくつかの可能なシナリオを導き出すことができる．このシナリオをモデルに組み込むことによって最良のロジスティクス戦略を決定する．

近年，新型の意思決定支援システム（DSS）が開発，導入され，企業は単一のモデルで複数計画期間を考慮することができるようになった．この場合，使用者は，以降数年にわたる製品と地域の将来需要を予測し意思決定支援システムに入力する．すると，この意思決定支援システムは，各施設の大きさと場所だけでなく，新しい施設を設置するのに最適な時期も含んだネットワーク戦略を生成する．

3.2.2 モデルとデータの妥当性の検証

前項では，ロジスティクス・ネットワーク構成モデルのためのデータを集計し，表にまとめ，整理することの難しさについて述べた．ではこの後，データとモデルがロジスティクス・ネットワーク設計問題を正確に反映しているか，どのように確かめればよいのだろうか？

このような問題の対処法は，モデルとデータの妥当性検証として知られている．これは，通常，モデルと集計されたデータを用いて現在のロジスティクス・ネットワークを再構成し，新しいモデルから得られた結果を現状のデータと比較することで行われる．

妥当性の検証は非常に重要である．ロジスティクス・ネットワークの現在の状

況を新しいモデルに設定して出力された値は，非常に価値がある．そこには，現在のロジスティクス・ネットワーク構成から発生するすべての費用（倉庫，在庫，製品，輸送に関する費用）が含まれているからである．これらのデータは，企業の会計情報と比較することができる．この方法は，データの誤り，疑わしい仮定，モデル化の流れを発見するのに最善の方法となることが多い．

例えば，あるプロジェクトで，妥当性検証の手順を通して計算された輸送費が，会計データから見積もられた費用より常に下回っていたとしよう．コンサルタントはロジスティクス運営状況を入念に見直し，トラックが実際に運送した容量は，トラックが運送可能な容量のたった30%ほどであると結論づけた．つまり，トラックはほんの少ししか荷物を積まず運行していたことがわかった．このように，妥当性の検証を通して，モデルに使用されている変数の調整を行えるだけでなく，現在のロジスティクス・ネットワークの運用における潜在的な改善点を発見できるのである．

システムが費用とサービスレベルに及ぼす影響を見積もるには，ロジスティクス・ネットワークの構成を部分的に，あるいは少しだけ変更することが有効である場合が多い．特に，この方法は，もしこうだったらといった仮定（what if）を多く含んでいる．例えば，現在ある倉庫の閉鎖がシステム効率に与える影響の見積りなどを含んでいる．また，倉庫を閉鎖せずに，ネットワークは現在のままで，製品の流れを変更することも可能であり，それによる費用の変化を知るという方法もある．管理者は，鋭い直観力を持っていて，システムに小さな変更を加えた場合の影響が，どの程度のものであるかわかることが多く，モデルの欠陥をより容易に見つけることができる．ただ，全システムの抜本的な再設計の効果については，直感はあまり頼りにならない．

まとめると，モデルの検証プロセスは，次の疑問に答えることになる．
- モデルは理にかなっているか
- データに矛盾はないか
- 結果は十分に説明可能か
- 感度分析を行ったか

妥当性の検証は，モデルとデータの有効性を判断する際に重要であるが，ほかにもメリットがある．特に，妥当性の検証の手順を通してモデル化された現在の

業務内容と，最適化により得られた可能な改善を関連づけやすくするのである．

3.2.3 解決のための手法

いったんデータが集計され，表にまとめられ，妥当性が検証されたなら，次の段階はロジスティクス・ネットワークの構成を最適化することである．実際には，2種類の手法が用いられる．

① 次に挙げる数理的最適化手法
 ● 最適解（つまり最小費用解）を見つけることが保証された厳密解法（exact algorithms）
 ● 必ずしも最適解を見つける保証はないが，よい解を見つける発見的解法（heuristic algorithms）
② 設計者により作成された特定の設計の代替案を評価する仕組みを提供するシミュレーション・モデル

ロジスティクス・ネットワークのための意思決定支援システムは，費用が最も低くなる設定を見つけることを保証する数理的最適化手法を用いているのがほとんどである．残念なことに，先に述べた数理的最適化手法には，いくつかの重大な制限がある．それらは，通常は年間または平均の需要といった静的なモデルを扱い，動的な要素を考慮に入れていない．シミュレーションをもとにした手法は，システムのダイナミクスを考慮できるので，与えられたネットワーク設計の下でのシステムの性能を評価できる．シミュレーション・モデルにおいては，さまざまなネットワークを入力して，おのおのに対する評価を得ることができるが，選択肢を入力することは使う人に任される．

このことは，使用者がシミュレーションのモデルを用いて，微視的な分析が可能であることを示している．実際，シミュレーション・モデルには次のような要素が含まれる[6]．

① 個々の注文パターン
② 特定の在庫方策
③ 倉庫内の在庫の移動

残念ながら，シミュレーション・モデルは事前に仕様を定めたロジスティクス・ネットワーク設計をモデル化しただけである．言い換えると，倉庫，小売な

どが特定の構成として与えられたとき，シミュレーションのモデルは，その構成に付随する費用を見積もるのに有用である．もしほかの構成を考えなければならない場合は（例えば，一部の顧客は別の倉庫から製品が配送されるなど），モデルをもう一度計算しなければならない．

　シミュレーションは最適化の手段ではない．シミュレーションは特定のロジスティクス・ネットワーク構成から得られる効果の特徴を明らかにするのには役立つが，多くの構成候補の中から，効率的な構成を決定するには役立たない．さらに，個々の顧客の発注パターン，特定の在庫や製品に関する方針，日々の配送戦略などに関する情報を取り込んだ詳細なシミュレーション・モデルになると，システム性能を正しく知るために必要な精度を得るには，莫大な計算時間を要する．つまり，シミュレーションの手法を使う際，多くの代替案を考慮できないということである．

　そのため，もしシステムの動的部分がそれほど重要でなければ，静的なモデルが適当であり，数理的最適化手法を利用すればよい．我々の経験では，この種のモデルで，実際に使用されているほとんどすべてのネットワーク構成モデルを説明することができる．システムの詳細かつ動的部分が重要である場合は，シミュレーション手法と最適化手法の長所を併せ持つ次の2段階のアプローチを利用するとよい．これは，ハクス（Hax）とカンディア（Candea）によって提案された[6]．

① マクロレベルで最小費用を達成する解をいくつか導き出すために，最適化のモデルを利用する．その際に，最も重要な費用の構成要素を考慮する．

② 第1段階で求めた解を評価するためシミュレーション・モデルを用いる．

3.2.4　ネットワーク構成のための意思決定支援システムの重要な特徴

　ネットワーク設計のための意思決定支援システムでは，柔軟性が重要な必要条件の一つとなる．ここでは，システムの柔軟性を，既存のロジスティクス・ネットワークの数多くの特性を取り込める能力と定義する．実際，使う用途次第であるが，あらゆる種類の設計思想に利用できることが望ましい．目的の一つは，既存のネットワークを完全に最適化し直すことである．つまり，各倉庫を自由に開設・閉鎖でき，輸送経路を自由に変更できるようにするということである．また，次のような条件を考慮した最適化モデルを扱えるようでなければならない．

① **顧客別に要求されるサービスレベル**
② **既存の施設**：多くの事例では，施設はすでに存在しており，リース契約はまだ終了していない．そのため，モデルではそれらの倉庫の閉鎖を許すべきではない．
③ **既存の倉庫の拡張**：既存倉庫の拡張も可能である．
④ **特定の流通パターン**：多くの状況で，特定の流通パターン（例えば，ある特定の倉庫から特定の顧客へ）は変更するべきでない．また，もっと起こりうる可能性として，工場によって製造しない，あるいはできない製品がある．
⑤ **倉庫間の移送**：場合によっては，物資は倉庫から別の倉庫に移送される．
⑥ **部品展開表**：場合によっては，組立が倉庫で行われる．この点はモデルに組み入れておく必要がある．そのため，モデルの利用者は，最終製品の組立に使用される構成部品に関する情報をモデルに提供する必要がある．さらに，工場の生産ラインにおける生産情報も，モデルに組み込む場合がある．

しかし，ここに挙げたすべての要素を組み込んだとしても，意思決定支援システムは，まだ十分とはいえない．意思決定支援システムには，有効性をほとんど，または，まったく損なわずにあらゆる要素を組み込む能力が必要である．この必要条件は，いわゆるシステムの頑健性に直接関係してくる．システムによって生成された解の相対的な質（費用やサービスレベルなど）は，特別な環境，特別な状況，データのばらつきに依存してはならない．意思決定支援システムに頑健性がなければ，ある問題に対して意思決定支援システムがどれほど有効であるか判断することは難しい．

◆ 3.3 在 庫 管 理 ◆

在庫管理の重要性や，在庫方策と輸送方策との調整の必要性自体は，これまでもずっと明白であった．残念ながら，複雑なサプライ・チェインの中で在庫を管理することは，一般に難しく，顧客に対するサービスレベルやサプライ・チェインのシステム全体の費用に大きな影響を与えている．

第1章で述べたように，典型的なサプライ・チェインは，原材料を供給する供給業者，原材料を完成品に変換する製造業者，そして完成品をそこから顧客へ配

送する物流センターや倉庫で構成される．したがって，在庫は，サプライ・チェインの中で以下のさまざまな形態で存在している．
- 原材料在庫
- 仕掛在庫
- 完成品在庫

これらを，それぞれ別に管理する仕組みが必要である．おのおのの在庫管理の仕組みを決定するのは容易なことではない．なぜならば，システム全体の費用を削減し，サービスレベルを向上させる効果的な生産，輸送，在庫管理戦略には，サプライ・チェイン内のさまざまなレベルの相互作用を考慮に入れなければならないからである．しかし，これらの在庫管理の仕組みを決定することによって，莫大な効果が得られる可能性がある．

事例 3-1

　ゼネラル・モーターズは，世界最大の生産ネットワークおよびロジスティクス・ネットワークを持つ企業の一つである．1984年には，ゼネラル・モーターズのロジスティクス・ネットワークには20,000の供給業者の工場，133の部品工場，31の組立工場，そして11,000の販売特約店が含まれていた．航空輸送費用は約41億ドルかかっており，物資の発送費の60%を占めていた．加えて，ゼネラル・モーターズの保有する在庫は74億ドルに相当し，70%が仕掛在庫で残りが完成品在庫であった．ゼネラル・モーターズは，在庫と輸送を合わせた費用を削減できる意思決定手法を利用し始めた．実際，出荷単位（つまり在庫管理方策）や出荷経路（つまり輸送戦略）を調整することで，費用を年間におよそ26%削減することに成功した[7]．

　もちろん，最大の問題は，いったいなぜ在庫を持つのかということである．答えとしては，次のような理由が考えられる．

① 顧客需要の予期せぬ変化に対応するため．顧客の需要は，常に予測困難であり，しかも次のような理由で，ここ数年，顧客需要の不確実性はさらに増加している．

a) ライフサイクルが短い製品の急増．このことから，顧客の需要に関する過去のデータが存在しないか，または非常に限られてきた（第1章参照）．
b) 市場に多くの競合製品が登場してきた．製品の種類が急増し，ある特定の型式の需要を予測することの難しさが増している．確かに，製品群全体つまり同じ市場で競合しているすべての製品全体の需要を予測することは比較的容易であるが，個々の製品の需要を見積もることは非常に難しい．
② 調達品の量や品質，供給業者の費用，納期などがはっきりしない状況が起こりやすいため．
③ たとえ需要と供給に不確実性がないとしても，配送にかかるリード時間が長いため．
④ 輸送業者が提供する規模の経済により，企業は商品別に大量に輸送するようにしようとするため，結果として大量の在庫を持つことになっている．多くの輸送業者が，荷主に大きなロットで出荷するためにあらゆる種類の値引を行っている．
⑤ 生産能力の限界と納入業者によって提供される数量割引．

残念ながら，通常このような状況においては，在庫を効果的に管理することは困難となる．以下の例もそのことを示している．
- 1993年，デルが赤字の予測をし，株価が急落した．デルは，需要の予測を大きくはずしたことを認め，在庫の評価額が大きく下がることとなった[8]．
- 1993年，リッツ・クライボーン（Liz Claiborne）は，予想を上回る在庫の結果として，思いがけない収益減を経験した[9]．
- 1994年，IBMは，在庫管理に失敗し，ノートパソコンであるThink Padの生産が間に合わなくなり苦闘した[10]．
- 2001年，シスコは，売れ行き減少のため22.5億の在庫が過剰になった．

これらの例から重大な課題が浮かび上がる．在庫管理のアプローチを選択する際に考慮すべき重要事項は何であろうか？ ほとんどの場合，需要は不確実であるため，発注量を決定する際に非常に重要なのは，需要予測である．しかし，得られた予測情報を使ってどのように在庫を管理するのか？ 在庫管理を行うアプローチは一般的に，**在庫管理方策**と呼ばれる．

在庫管理方策に影響を与える重要な要素として，以下を挙げることができる．

① まず最も重要なのは，顧客の需要である．これは，前もってわかることも，不確実性を持っていることもある．需要が不確実性を持っていても過去のデータが利用可能であれば，平均的な顧客の需要やそのばらつき（しばしば，標準偏差を使う）を見積もるために使える予測手法はある．
② 補充リード時間．発注時にわかる場合も，わからない場合もある．
③ 倉庫に保管される商品の種類数．
④ 計画期間の長さ．
⑤ 発注費用や，在庫保管費用など．
  a）一般に，発注費用は，製造費用と輸送費用を合わせたものである．
  b）在庫保管費用，あるいは在庫の保持費用は，以下で構成される．
    ⅰ）州税，資産税，および在庫にかける保険料．
    ⅱ）在庫の維持費．
    ⅲ）在庫が陳腐化することでかかる費用．市場の変化による商品価値の減少のリスクで決まる．
    ⅳ）機会費用．製品を在庫するのではなく，製品をお金に換えてほかのところ（例えば株式市場等）に資金を投入していれば得られたであろう投資対収益で表すことができる．
⑥ 要求されるサービスレベル．顧客の需要が不明確な状況では，顧客の注文に100％間に合わせることは一般的に不可能であり，管理者は受容可能なサービスレベルを決めておかなくてはならない．

3.3.1　需要の不確実性の影響

多くの企業は，実社会が予測可能であるかのように考えて，売り出し時期のはるか前に出された需要予測に基づいて生産と在庫の決定を下している．これらの企業は，予測する際には需要の不確実性に気がついているにもかかわらず，計画プロセスを，最初に予測したものが実際の需要を正確に表しているかのように計画する．この場合，すべての予測に共通する以下の原理を思い出す必要がある．
① 需要予測は常に外れる
② 予測が長期になるほど，予測精度は低下する
③ 集約後の需要情報の精度は，集約前の需要情報の精度よりも高い

3.3 在庫管理

つまり，原理①は，需要と供給を一致させることが難しいことを示している．原理②は，例えば12カ月や18カ月といった長期間の顧客需要を予測することは，さらに難しいことを示し，原理③は，例えば個々の製品（製品保管単位）ごとの顧客需要を予測するのは難しいが，集約製品族に対する需要を予測することは容易であることを示している．これは，リスク共同管理の考え方の例である．

実際に，リスク共同管理の概念は，いろいろな意味で在庫管理に影響を及ぼす．リスク共同管理の本質は，最終顧客の需要が高くなろうが低くなろうが，集約された需要は個々の最終製品の需要より予測しやすいというものである．例えば，フォードは，F-150といったトラックの個々の仕様の需要より，トラック全体の需要を予測するほうが容易である．同様に，「青いF-150」といった特定オプションの需要よりも，F-150全体の需要を予測するほうが容易である．同様の考え方が市場や店舗での需要集約に用いられている．P&Gは，個々の店舗のTide（P&Gの製品の一つ）の需要より，州全体のTideの需要のほうが容易に予測できる．

事例 3-2

あるテレビ卸売業者が，不定期な顧客の需要に対応しながら，テレビ製造業者から供給を受けている．もちろん，製造業者は，テレビ卸売業者の注文にすぐに対応できるわけではない．テレビ卸売業者がいつ発注しても，ある長さ以上の一定のリード時間が必要である．需要が不定期で，テレビ製造業者は固定の納入リード時間が必要なことから，仮に発注に固定費がかからないとしても，テレビ卸売業者は在庫を持たなくてはならない．

このテレビ卸売業者が在庫を持たなくてはならない理由がいくつかある．
① リード時間内に発生する需要に対応するためである．発注した品物がすぐに納品されるわけではないので，注文してから納品される間の顧客の需要に対応するための在庫を持たなくてはならない．
② 予測できない需要の変動に対応するためである．特に，リード時間内の需

要が予測より非常に大きかった場合の対策である．

③ 年間の在庫保管費用と発注費用との調整をするためである．発注回数を増やせば，在庫レベルを引き下げ，在庫保管費用を削減することができる一方，年間の発注にかかる固定費用は増加する．

これらのことは直感的にはわかりやすいが，在庫管理方策を適用したらよいか単純ではない．卸売業者は，在庫を効果的に管理するために，いつどれだけテレビを発注するか，意思決定を行っていかなければならない．

- 連続補充方策：この方策では，在庫をリアルタイムで調査し，発注するかどうか，どのくらい発注するかを決定する．
- 定期発注方策：この方策では，在庫を一定の間隔で調査し，その都度，発注量を決定する．

どちらの在庫方策も，**在庫ポジション**の概念に基づいている．どの時点で計算しても，在庫ポジションは，倉庫の実際の在庫に，倉庫が発注してまだ届いていない商品を加算し，バックオーダーを引いたものになる．では，効果的な継続的かつ定期的な在庫調査方策について説明しよう．

連続補充方策　効果的な在庫方策の一つに，二つの変数，発注点 s と補充目標点 S で表されるものがある．在庫ポジションが発注点 s を下回ったら必ず在庫レベルを補充目標 S になるように発注する．この方策を (s, S) 方策，あるいはミニマックス方策と呼ぶ．図3.8にミニマックス方策を用いた場合の，時間経過

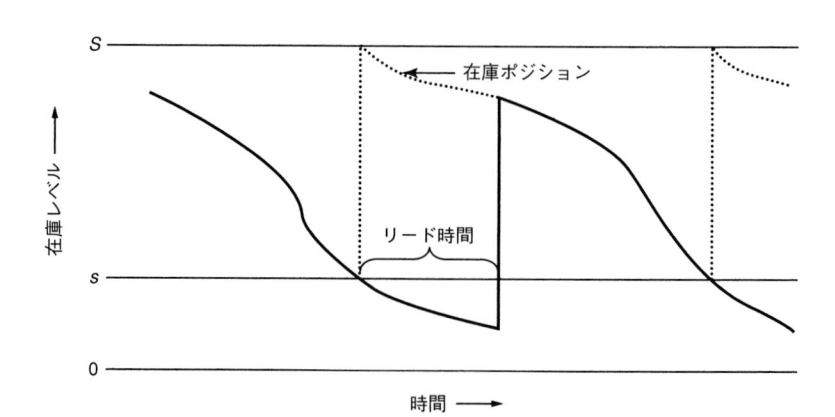

図3.8　ミニマックス方策

による在庫レベルを示す．

発注点は二つの要素で構成されている．一つは，リード時間内の平均需要で，二つめは，**安全在庫**である．安全在庫は，リード時間内での需要の変動に備えるために，倉庫もしくは（発注してまだ届いていない）輸送中の形態で保持する在庫である．

定期発注方策　現実社会では，在庫が定期的に調査され，調査の後で適切な量の発注が行われる場合が多い．例えば，毎月はじめや毎週末に調査され，その時点で発注が行われる．在庫レベルが定期的に調査されるため，発注固定費用は，発注のインターバルでコントロールできるので無視できる．つまり，発注固定費用は，発注インターバルを決めるために使われる．発注された商品は，決められたリード時間後に到着するものとする．

この場合には，どのような在庫方策を採用したらいいのだろうか？　この状況では，固定費は重要ではなく，在庫方策は，一つの変数，基在庫レベルで表される．つまり，倉庫では，目標となる在庫レベル（基在庫レベル）を決め，定期的に在庫ポジションを調査し，在庫ポジションが基在庫レベルになるように発注を行う．図 3.9 に，このタイプの方策を用いた場合の，時間による在庫レベルの変化を示す．

基在庫レベルは，二つの要素からなる．つまり，ⅰ）在庫見直し期間にリード時間を加えた期間内の平均需要と，ⅱ）安全在庫，これは期間内（在庫見直し期間にリード時間を加えた期間内の）需要変動に備えるための在庫である．

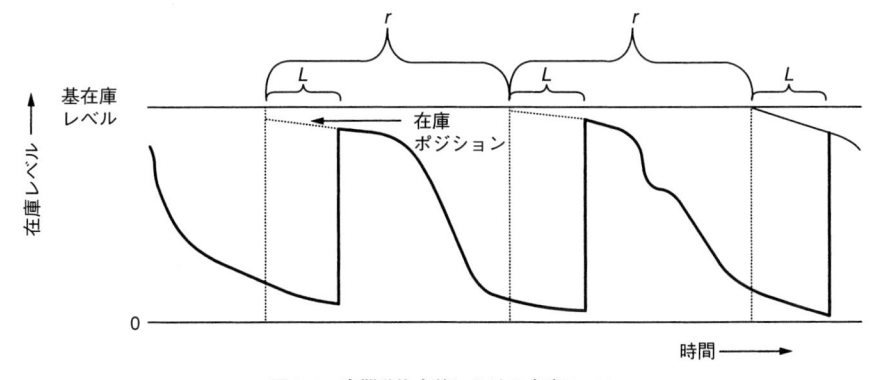

図 3.9　定期発注方策における在庫レベル

もちろん，適切な安全在庫レベルはさまざまなシステムの特性に影響される．サービスレベル（顧客の需要を満たす率）は，安全在庫に大きな影響を与える．高いサービスレベルが求められれば，さらに安全在庫を増やす必要があるだろう．また，需要の変動が（しばしば平均を大きく上回ったり下回ったり）大きければ，さらに安全在庫を増やすことが重要となる．同様に，リード時間が長ければ，リード時間内の在庫切れに備えるために高いレベルの安全在庫が必要になる．

◆ 3.4 戦略的安全在庫 ◆

これまでに検討してきた在庫モデルや事例は，単一の施設（倉庫，小売店舗など）を前提に，そこでの在庫費用をできるだけ最小化する管理方法を取り扱ってきた．ここでは，単一企業が保有する複数の施設を持つサプライ・チェインについて考えてみる．その企業の第一の目的は，システム全体の費用の削減であり，そのためにはサプライ・チェイン上のさまざまな各拠点間の相互作用や，その相互作用が各拠点で採用される在庫政策に与える影響の検討が重要になる．

もちろん，複雑なサプライ・チェインにおいて在庫管理する際に重要なのは，どこに安全在庫を保管するか，どの施設で在庫を積み増しするために生産するか，どの施設で注文に応じて生産するか，という問題である．これらの問題の答えは，要求されるサービスレベル，供給ネットワーク，リード時間，そして，多くの運営上の課題と制約によって変わってくる．したがって，我々が注目するのは，企業がサプライ・チェイン内に安全在庫を効率的に配置し，在庫を積み増しするために生産する施設と，注文に応じて生産を行う施設を特定できるようにする戦略的モデルである．

サプライ・チェインにおいて，戦略的に安全在庫を配置することの，トレードオフと影響について次の例で詳しく説明する．

3.4.1 戦略的安全在庫の実例

エレック・カンプ（ElecComp）[11]は，回路基盤やその他のハイテク部品を契約製造する巨大企業である．この企業は，ライフサイクルが比較的短い高額製品を約 27,000 種類販売している．この産業界における競争のため，エレック・カ

ンプは，顧客へ短いリード時間を約束しなければならなくなっている．この，顧客へ約束したサービス時間は製造リード時間よりはるかに短い．残念なことに，製造プロセスは非常に複雑で，さまざまな段階で複雑な手順で組み立てる必要があるからだ．

　製造リード時間が長いことと，短い応答時間で顧客に提供しなければならないというプレッシャーのため，エレック・カンプは多くの製品保管単位のために完成品の在庫を保管している．このように，長期予測に基づいてサプライ・チェインを管理する，いわば押し出し型サプライ・チェイン戦略（押し出し型と引っ張り型の違いについては第2章参照）である．このような在庫のために生産を行う環境では，企業は安全在庫を積み上げ，莫大な経済的リスクと欠品が生じるリスクを負わなければならない．

　エレック・カンプの経営責任者たちは，この押し出し型戦略が，彼らの会社のサプライ・チェインには適していないことに，ずいぶん前から気づいていた．残念なことに，リード時間が長いため，実際の需要が判明してから製造や組立を行う引っ張り型サプライ・チェイン戦略も同じように適していない．

　したがって，エレック・カンプは，次のことを目標として，新しいサプライ・チェイン戦略を構築することに注目した．
　① 在庫と経済リスクを低減する
　② 他社に負けない応答時間で顧客に提供する
　これは，次のことを行い達成可能である．
- 製造と組立のさまざまな段階にわたり，在庫の最適な位置を決定する
- それぞれの段階のそれぞれの部品の最適な安全在庫量を計算する

　こうして，エレック・カンプのサプライ・チェイン再設計は，一部分は在庫するために製品を作る押し出し型にし，残りの部分は受注生産を行う引っ張り型にするという混合型戦略に設計し直すことを焦点とした．明らかに，サプライ・チェインにおいて，在庫するために生産を行う段階では，安全在庫を確保するが，受注生産を行う段階では，在庫はまったく持たない．したがって，サプライ・チェイン内で，在庫をするために製品を作る押し出し型戦略から，受注生産する引っ張り型戦略に変更する位置を決定する努力をしなければならない．この位置は，押し出し・引っ張りの境界と呼ばれる．

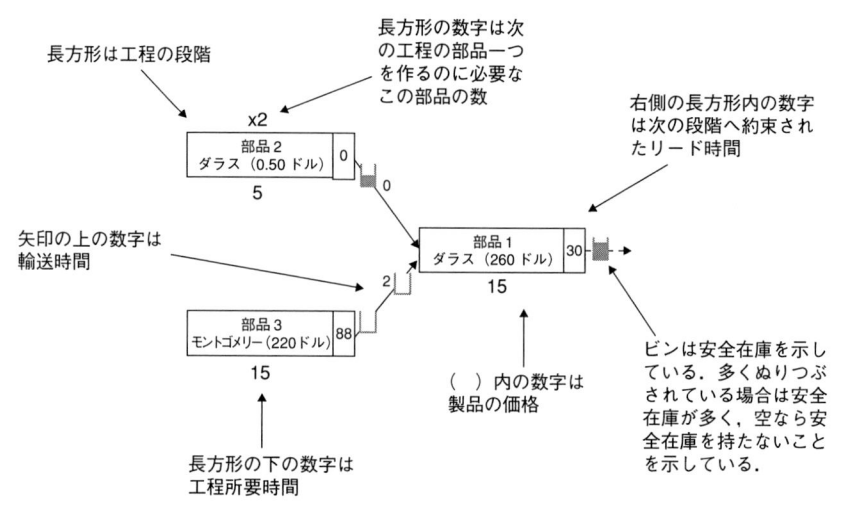

図 3.10 　ダイアグラムの見方

（図中のラベル）
- 長方形は工程の段階
- 長方形の数字は次の工程の部品一つを作るのに必要なこの部品の数
- 右側の長方形内の数字は次の段階へ約束されたリード時間
- 矢印の上の数字は輸送時間
- 部品 2　ダラス（0.50 ドル）　x2　0　　5
- 部品 1　ダラス（260 ドル）　30　　15　　2
- 部品 3　モントゴメリー（220 ドル）　88　　15
- （ ）内の数字は製品の価格
- ビンは安全在庫を示している．多くぬりつぶされている場合は安全在庫が多く，空なら安全在庫を持たないことを示している．
- 長方形の下の数字は工程所要時間

　エレック・カンプは，新しい押し出し・引っ張り型戦略を開発し導入した．その影響は劇的なものだった！　製品によっては，顧客に同じリード時間を保証したまま安全在庫が，40～60％も削減された．さらに重要なのは，新しいサプライ・チェインの構造を用いて，エレック・カンプは，顧客へのリード時間を50％削減できたうえに，安全在庫を30％削減できると結論づけたことである．

　次に，数多くの製品で，これがどのように達成されたかについて述べる．エレック・カンプが説明する分析と利点を理解するために，図3.10を使って考えてみる．この図では，最終製品（部品1）が，ダラスにある施設で，二つの構成要素から組み立てられている．一つはモントゴメリーの施設で生産され，もう一つは，ダラスにある別の施設で生産されている．それぞれの長方形は，その施設で生産される製品の価格情報を表している．長方形の下の数字は，その段階での工程所要時間，ビンは安全在庫を表している．矢印の上の数字は，各施設間の輸送時間を示している．そして，各施設の右側にある小さい縦長の長方形内の数字は，次の施設への約束された応答時間（保証リード時間）を示している．例えば，組立施設は，顧客に対し30日の応答時間が見積もられている．これはつまり，どの注文に対しても30日以内に納品することができるということである．モントゴメリーの施設では，組立工場への応答時間が88日以内であることが保証され

ている．それを受けて，組立施設は，30日という決められたサービス時間内に顧客の注文を満たすためには，製品在庫を保管する必要がある．

エレック・カンプが何とかしてモントゴメリーの施設から組立施設へのサービス時間を88日から，例えば50日や40日に短縮できるならば，組立施設は完成品の在庫を削減することが可能になるが，そのかわりモントゴメリーの施設が在庫を持つ必要性が生じることに注目してほしい．もちろん，エレック・カンプの目標は，システム全体の在庫と製造費用を最小化することである．つまり，これがまさに，戦略的在庫最適化が果たす役割である．サプライ・チェイン全体を見て，ツール（意思決定支援システム）は各段階における最適な在庫レベルを決定する．

例えば，モントゴメリーの施設が，保証リード時間を13日に短縮したとすれば，組立施設は，完成品の在庫をまったく持つ必要がない．顧客が発注した場合に，部品2と3が発注される．部品2は，在庫があるためすぐに入手できるが，部品3を入手できるのは15日後（つまり，約束された13日の応答時間と輸送時間2日）である．さらに，組立にかかるのが15日であるため，決められたサービス時間（30日）内に顧客に届くことになる．この例では，組立施設では，引っ張り型戦略で製造を行い，モントゴメリーの施設は，在庫を持っている必要があるため，押し出し型戦略で在庫を積み増しするために生産する必要がある．

トレードオフが明らかになったので，今度は，図3.11に表された生産構造を考えてみる．白い長方形（部品4，5，7）は，外部の納入業者を表し，網のかかった長方形は，エレック・カンプの内部の段階を表している．組立施設では，顧

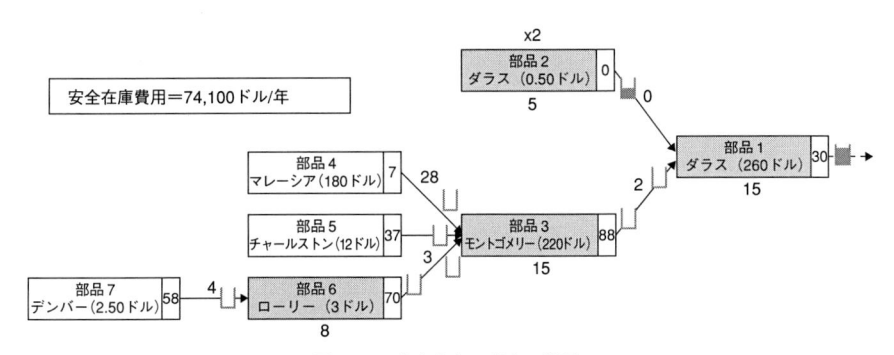

図3.11 安全在庫の現在の位置

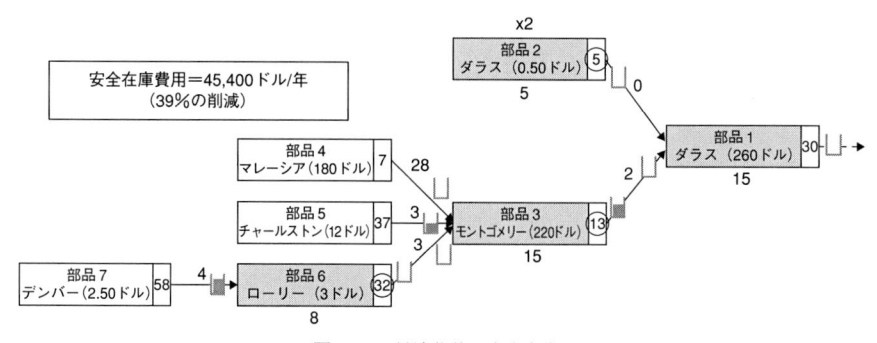

```
                                    安全在庫費用＝45,400ドル/年
                                         (39%の削減)
```

図3.12 最適化後の安全在庫

客に対する応答時間は30日と決められ，完成品の在庫を持っていることに注目してほしい．正確にいうと，組立施設と部品2の製造施設では，両方とも在庫を積み増しするために生産している．ほかは，すべて受注生産である．

図3.12は，顧客に対する応答時間が30日のままで，最適化されたサプライ・チェインを表している．さまざまな内部施設の保証リード時間を調整することで，組立施設では，完成品の在庫をまったく持たずに受注生産するようになっていることに注目してほしい．一方で，ローリーとモントゴメリーにある施設では，保証リード時間を削減したために在庫を持つことが必要になっている．

では，最適化されたサプライ・チェインのどの部分が押し出し型で，どの部分が引っ張り型なのだろうか？　明らかに，組立施設と部品2を生産するダラスの施設は，両方とも受注生産方式で運営されている．つまり引っ張り型戦略である．それに対し，モントゴメリーの施設では，在庫を積み増しするために生産する押し出し型で運営している．サプライ・チェインに与える効果は，安全在庫の39%削減となる！

この時点で，顧客に対して保証リード時間をさらに短くしたときの効果の分析をしたことは適切であった．エレック・カンプの重役達は，顧客への保証リード時間を30日から15日に削減しようと考えた．図3.13は，この場合の最適化されたサプライ・チェイン戦略を表している．効果は明らかである．図3.11の現状ラインに比べ，在庫は28%削減され，さらに顧客への応答時間も半分になる．これらの結果を表3.1にまとめておこう．

最後に図3.14と図3.15に，さらに複雑な構造を示す．図3.14は最適化前の

3.4 戦略的安全在庫

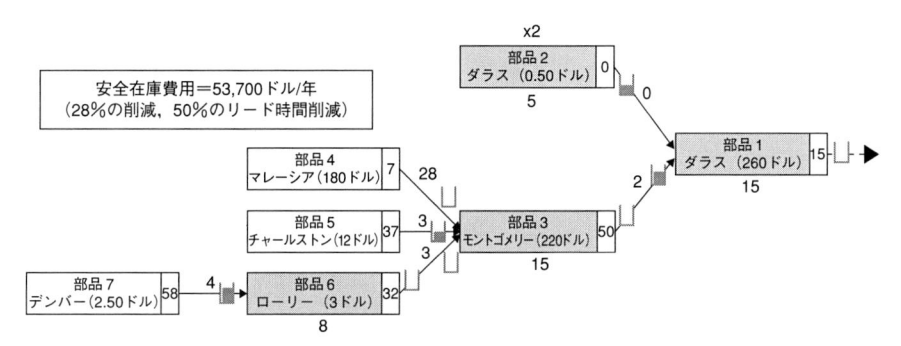

図3.13 最適化後の安全在庫と削減されたリード時間

表3.1 結果のまとめ

シナリオ	安全在庫保管費用 （ドル／年）	顧客へのリード時間 （日）	サイクル時間 （日）	在庫回転率 （回／年）
現状	74,100	30	105	1.2
最適化後	45,400	30	105	1.4
リード時間短縮後	53,700	15	105	1.3

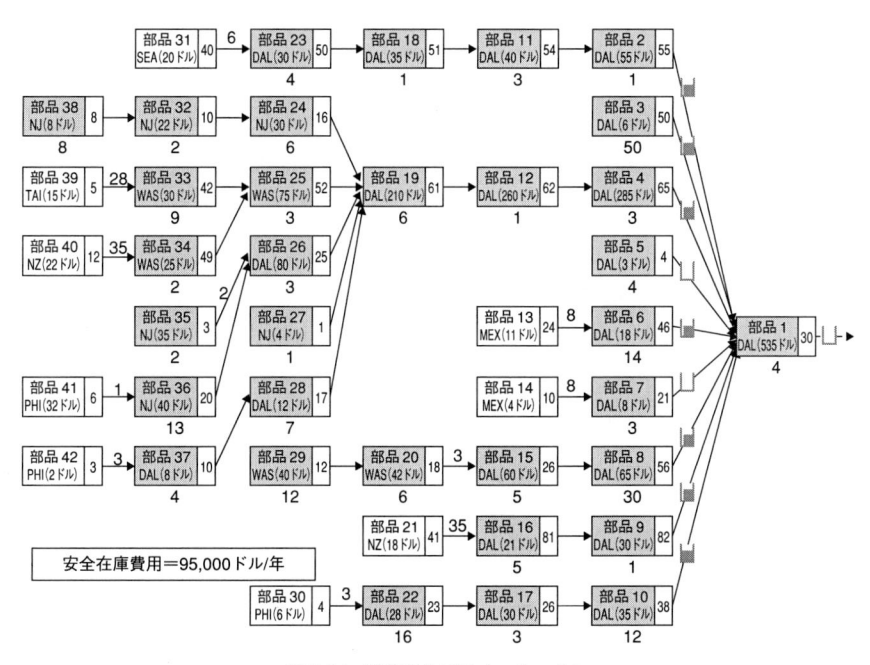

図3.14 現状のサプライ・チェイン

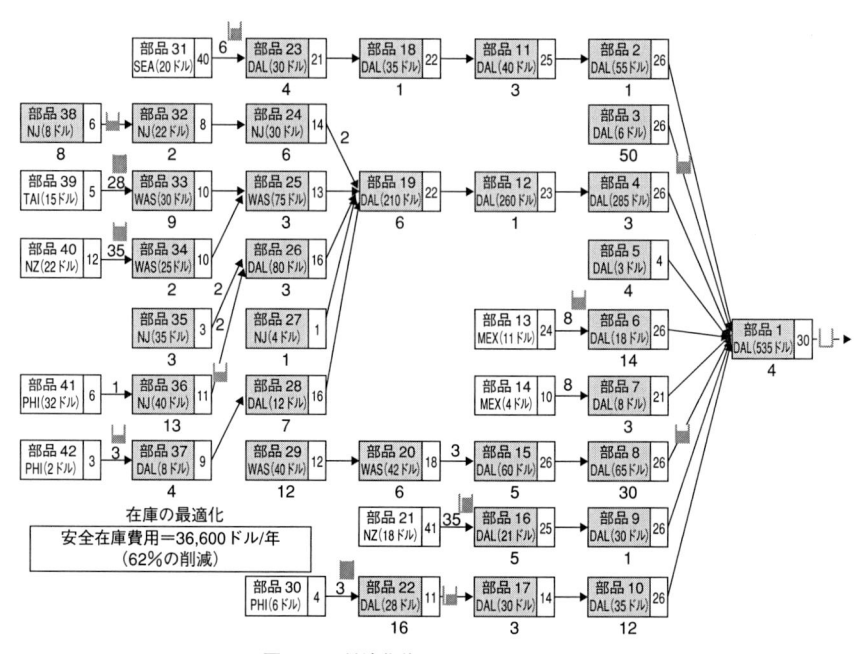

図 3.15 最適化後のサプライ・チェイン

サプライ・チェイン戦略，図 3.15 は押し出し・引っ張りの境界，ならびに，さまざまな段階の在庫レベルを最適化したものである．この場合も，利益は明らかである．どの段階で受注生産を行い，どの段階で在庫を積み増しするために生産するようにするかを，正確に選別することで，顧客に対する保証リード時間を変更することなく，在庫費用を 60% 以上も削減できた．

3.4.2 まとめ

複数段階において在庫を最適化する技術を用い，エレック・カンプは，顧客に対する決められたサービス時間を維持（ときには大幅に削減）しながら，著しい在庫費用削減を可能とした．これは次の事柄によって達成された．

① 押し出し・引っ張りの境界を見つける．つまり，サプライ・チェイン内の，在庫を積み増しするために生産し，安全在庫を確保する方法で運営したほうがよい段階と，受注生産方式で在庫を持たない段階を分ける点を見つける．これは，在庫を持つ地点をもっと費用のかからない段階に移行することで実現可能

である．

② リスク共同管理の概念を利用することによって在庫を削減する．この概念は，多くの最終製品に使われる構成要素の需要は，最終製品のよりも，変動と不確実性が小さいということを示している．

③ 逐次的，部分的といわれる伝統的なサプライ・チェイン戦略を大域的に最適なサプライ・チェイン戦略に置き換える．逐次的，部分的最適化戦略では，それぞれの段階でそれぞれの利益を最適化しようとし，他の段階に与える影響をほとんど考えない．反対に，大域的最適化戦略では，サプライ・チェイン全体のことを考え，サプライ・チェインの性能を最大にするような各段階の戦略を見つける．

エレック・カンプに採用された新しいサプライ・チェインの実例の効果を詳しく理解するために，図3.16を使って考えてみる．この図には，顧客に対する保証リード時間と，それに対する合計在庫費用が表されている．上側にあるトレードオフ曲線は，費用と顧客に対する決められたリード時間の伝統的な関係を示している．この曲線は，各段階において部分的に最適化決定を行った結果である．下側にあるトレードオフ曲線は，企業が押し出し・引っ張りの境界を適切に設定してサプライ・チェインを大域的に最適化して得られた結果である．

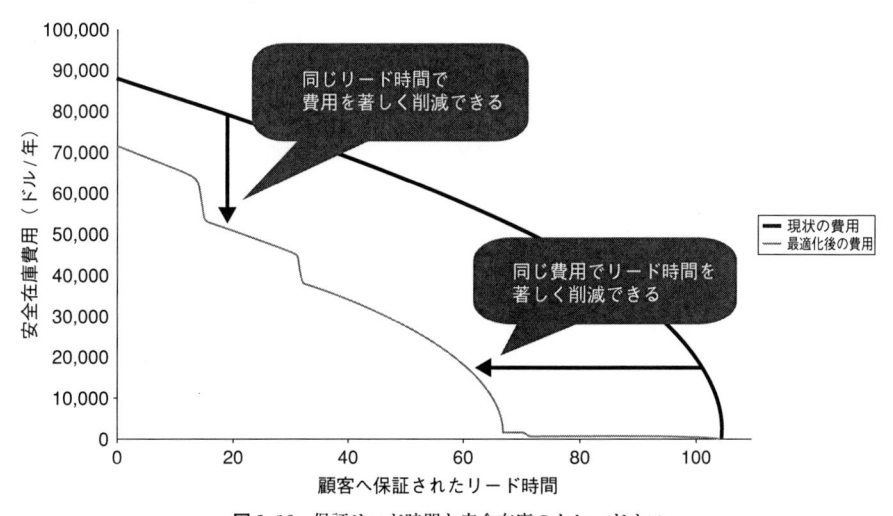

図 3.16 保証リード時間と安全在庫のトレードオフ

押し出し・引っ張りの境界を最適に配置することで，トレードオフ曲線がこのように移行していることから，次のことがいえる．

① 企業は，同じリード時間で，費用を著しく削減できる．または，
② 企業は，同じ費用で，リード時間を著しく削減できる．

最後に，費用と顧客に対するリード時間の伝統的な関係を表す曲線がなだらかであるのに対し，押し出し・引っ張りの境界を適切に設定した効果を表すトレードオフ曲線はなだらかではなく，さまざまな地点で急激に変化していることに注意してほしい．この急激に変化している部分では，押し出し・引っ張りの境界を変更したため，著しい費用削減がなされている．

我々の経験上，エレック・カンプのように，新しいサプライ・チェインの実例を導入する企業は，費用と顧客に対するリード時間の両方を削減するサプライ・チェイン戦略を選択するのが一般的である．この戦略によってエレック・カンプは，競合他社より早く需要を満たすことができ，他社に負けない価格設定を可能とする原価構造を開発したのである．

◆ 3.5 資源の割当 ◆

第2章でみてきたように，サプライ・チェインの部分によって違うプロセスを適用する必要がある．サプライ・チェインの引っ張り型部分で中心となるのは，サービスレベルであるため，適当な在庫管理方策を用いた注文充足プロセスを適用するのが一般的である．同様に，サプライ・チェインの押し出し型部分で中心となるのが，費用と資源の割当であるため，ここでは以降数カ月を計画期間とした，サプライ・チェインマスタ計画プロセスが使われる．

サプライ・チェインマスタ計画は，利益を最大にするかシステム全体の費用を最小化するために，生産戦略，輸送戦略，資源を調整し割り当てるプロセスとして定義されている．このプロセスでは，企業は，必要な安全在庫だけでなく，計画期間全体（例えば，以降52週間）にわたる予測需要を考える．安全在庫は，前節で分析したモデルと同じようなモデルを用いれば，すぐに決定できる．

難しいのは，需要を満たすために，生産，輸送，在庫資源の割当を行うことである．これは特に，需要の季節的変化，能力の制限，販売競争，または予測が非

常に不安定な企業にいえることである．実際に，生産の時期と量，在庫の保管場所，さらに倉庫スペースを借りるか否かの決定が，サプライ・チェインの性能に莫大な影響を与える．

もともと，サプライ・チェイン計画プロセスは，スプレッドシートを使って手作業で行われ，企業内の役割ごとに独立して行われていた．つまり，工場で決定される生産計画は，在庫計画とは別に行われ，後になって何とか調整しなければならなくなる場合がほとんどであった．これは，その部門ごとに，結局たった一つのパラメータを最適化することを意味している．そのパラメータとは，通常は生産費用である．

しかし，現代のサプライ・チェインにおいて，この逐次的プロセスは，サプライ・チェインのさまざまなレベル間の相互作用を考慮して，サプライ・チェインの性能を最大にする戦略を見つけるプロセスに置き換えられている．これは，**大域的最適化**と呼ばれ，最適化手法を用いた意思決定支援システムを用いて行われる．こういったシステムは，サプライ・チェインを大規模な混合整数計画問題としてモデル化し，サプライ・チェインの複雑さと動的性質を考慮することができる分析ツールである．

一般的に，そのツールの出力として得られるのは，生産，倉庫，輸送，在庫決定を調整する効率的なサプライ・チェイン戦略である．結果として得られる計画から，製品，地域，期間ごとの，生産量，輸送サイズ，必要な倉庫の情報がわかる．これが，サプライ・チェインマスタ計画と呼ばれるものである．

一部のアプリケーションでは，サプライ・チェインマスタ計画を，詳細な生産スケジュールシステムの入力として使うことができる．この場合，生産スケジュールシステムでは，サプライ・チェインマスタ計画から得られる，生産量，納期の情報を用いる．この情報は，詳細な生産手順とスケジュールを計画するために使われる．こうして，計画者は，最終段階（つまり製造）と前部（つまり需要計画と注文補充）を統合できる．図3.17を参照してほしい．この図は，重要な問題を表している．注文充足システムは，サプライ・チェインの引っ張り型部分であるため，その焦点は，サービスレベルにある．同様に，企業がサプライ・チェインマスタ計画を生成するプロセスは，サプライ・チェインの押し出し型部分であり，この戦術レベルの計画の焦点は，費用の最小化や利益の最大化にある．そ

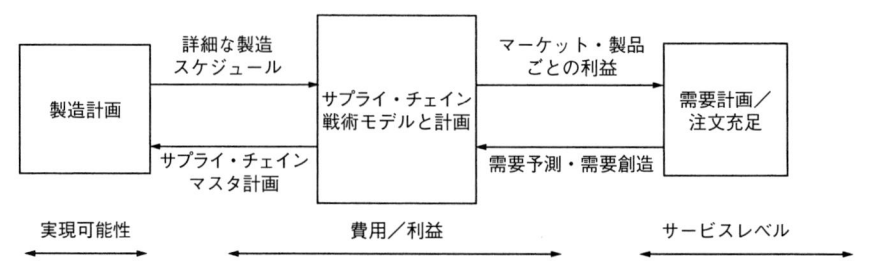

図 3.17 製造から注文充足まで拡張したサプライ・チェイン

して，サプライ・チェインの詳細な製造スケジュール生成部分の焦点は，実現可能性にある．つまり，焦点は，サプライ・チェインマスタ計画によって生成される，すべての生産制約条件を満たし，要求される納期を達成する詳細なスケジュールを作り出すことにある．

もちろん，戦術計画プロセス（例えば，サプライ・チェインマスタ計画など）の出力は，調整と協力を円滑にするためにサプライ・チェイン参加者で共有される．例えば，物流センターの管理者は，この情報をうまく使い，労働力と出荷を計画している．卸売業者は，すべてのサプライ・チェイン参加者の費用を削減するために，納入業者と顧客と計画を共有することができる．特に，卸売業者は，顧客にさらによいサービスを提供し，顧客側に適当な量の在庫を保管し，供給業者が時間外生産を調整できるように，受け持つ区域の再編成を行うことができる．

さらに，サプライ・チェインマスタ計画ツールは，計画の**初期段階**で，潜在的なサプライ・チェインの障害を見つけ出すことができるため，計画者は次のような問題を解決できる．

- 賃貸倉庫スペースで保管能力は十分か？
- 季節的または販売促進活動による需要に対応するための在庫をいつどこに保管すればよいか？
- 倉庫が対応する地域を設定し直せば保管能力の問題は解決するか？
- 予測の修正がサプライ・チェインにどのような影響を与えるのか？
- 工場の時間外操業や外部委託生産の影響は？
- どの工場からどの倉庫に在庫補充するか？

- 企業は，船便で輸送するか航空便で輸送するか？船便のリード時間は長く，高いレベルの在庫が必要になる．反対に航空便はリード時間が削減でき，在庫も削減できるが，輸送費用がかなり増加する．
- 局地的な予期せぬ需要変化に対応するため，倉庫間で在庫バランスを設定し直すか，それとも工場から在庫を補充するか？

戦術計画ツールのもう一つの重要な能力は，利益を最大にするための需要計画と資源稼働率の分析である．これにより，販売促進活動，新しい製品の導入，その他の需要傾向とサプライ・チェイン費用の計画的変更が及ぼす影響のバランスを保つことが可能となる．計画者は，思ったように利益を生まない市場，店舗，顧客を発見し，さらに，さまざまな価格戦略の影響を分析できる．

どのような場合に費用の最小化に注目し，どのような場合に利益の最大化に注目すればよいのか，というのが当然の疑問であろう．この疑問に対する答えは，事例ごとに変わってくるが，費用の最小化は，明らかに，サプライ・チェインの構造を決めるときや，不況時のせいで過剰供給になっている場合に重要である．この場合の焦点は，資源を効果的に割り当て，最低限の費用ですべての需要を満たすことである．反対に，利益の最大化が重要になるのは，需要が供給を上回るような成長期においてである．この場合，化学産業や電子産業のように，限られた自然資源を使っていることや，製造プロセスの拡張が難しく費用がかかることなどが原因で，能力に限界があることもある．こういった場合には，どの顧客に商品をどれだけ提供するかが，費用削減よりも重要である．

そして，効果的なサプライ・チェインマスタ計画ツールは，計画者がサプライ・チェインモデルの正確さを改善するのにも役立たなければならない．サプライ・チェインマスタ計画モデルの正確性は，このモデルに投入する需要予測に頼っているので，これは逆のように思えるかもしれない．しかし，需要予測の正確性は，時間に依存していることに注意してほしい．最初の数期間（例えば，最初の10週間）における予測需要は，それ以降の期間の予測需要よりも正確性が高い．このことは，計画者は需要予測の初期部分ではかなりの詳細レベルのモデル化をしたほうがよいことを示している．つまり，最初の数週間は週別の需要情報を適用すべきである．一方，その後の需要予測は，あまり正確ではないため，1カ月ごと，あるいは2～3週間ごとに集約して需要予測を行ったほうがよい．こ

のことは，先の需要予測は長い時間間隔で集約され，リスク共同管理の考え方によって，予測の正確性が改善することを意味している．

まとめると，サプライ・チェインマスタ計画は，段取り費用と在庫費用，生産ロットサイズと生産能力といった根本的なトレードオフを扱うのに役立つ．生産，供給，倉庫管理，輸送，税金，在庫などのサプライ・チェイン費用や生産容量は，時間依存のパラメータとして考慮されている．

事例 3-4

この事例は，巨大な食品製造業者がサプライ・チェインを管理するために，どのようにサプライ・チェインマスタ計画を動的に首尾一貫して使っているか説明する．この食品製造業者は，生産と輸送決定を部門レベルで行っている．部門レベルであっても，問題は大規模になる傾向がある．実際に，典型的な部門は，数百の製品，複数の工場，工場内の多くの生産ライン，複数の倉庫（そのうちのいくつかは容量に問題がある），さまざまな包装オプションのための部品表，各地域のそれぞれの製品の 52 週分の需要予測を含んでいる．予測は，季節性と計画された販売促進活動を考慮している．その年の暮れの販売促進活動のために，比較的早いうちから生産資源が必要になる可能性があるため，年間予測は重要である．生産と倉庫の能力は厳しく，賞味期限は限られていて，これらのことを分析に組み込む必要がある．そして，計画の範囲は，購買，生産，輸送，配送，在庫管理を含む多くの機能分野にわたる．その企業が戦術レベルの計画を行う意思決定支援システムを導入すれば，計画者は，システム全体の費用を削減し，生産や製造資源をさらに有効に使うことができる．実際に，最適化を用いた戦術ツールにより生成された計画を，スプレッドシートを使って得た結果と比較し，最適化ツールを用いることによってサプライ・チェイン全体の合計費用を削減することが可能であることを示している．図 3.18 に結果を示す．

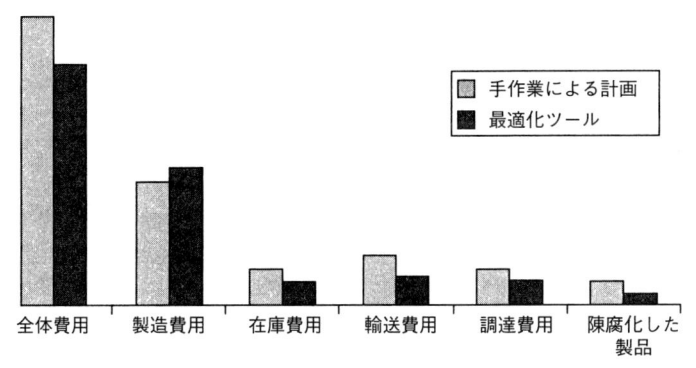

図 3.18　手作業と最適化シナリオの比較

◆ 3.6　ま　と　め ◆

　サプライ・チェインの性能を最適化することは，参加者の相反する目標，需要と供給の不確実性，サプライ・チェインの動的特性が原因で困難である．しかし，ネットワーク設計，在庫の配置と管理，資源の割当を組み合わせたネットワーク計画を用いることによって，企業はサプライ・チェインの性能を大域的に最適化できる．これはネットワーク全体を考慮し，要求されるサービスレベルだけでなく，生産，倉庫管理，輸送，在庫費用に配慮することで達成できる．

　表3.2は，ネットワーク設計，在庫の配置と管理，資源の割当といった各計画活動の鍵となる特徴をまとめたものである．この表は，長期計画（一般には数年にもわたるような）を含むネットワーク設計が，高い意思決定レベルで行われ，

表 3.2　ネットワーク計画の特徴

	ネットワーク設計	在庫の配置と管理	資源の割当
決定の焦点	基盤設備	安全在庫	生産と輸配送
計画期間	年単位	月単位	月単位
集約レベル	製品族	品目	製品クラス
頻度	年に1回	月に1度／週に1度	月に1度／週に1度
投資回収率	高い	中程度	中程度
実施	非常に短い	短い	短い
ユーザ	きわめて少数	少数	少数

高い収益をもたらすことを示している．資源割当の計画範囲は，月単位か週単位である．つまり，計画を見直す頻度は高く（例えば毎週），結果が得られるのも早い．在庫計画は，需要，リード時間，加工時間，供給の短期の不確実性に焦点をおいている．計画を見直す頻度は高く，例えば，1カ月ごとに最新の予測と予測誤差に基づいて，適切な安全在庫を決定する．さらに在庫計画を，もっと戦略的に用い，在庫を積み増しするために生産を行う部分と受注生産を行う部分を特定するだけでなく，サプライ・チェイン内において，企業が在庫をどこに保管するかを決めるために使うこともできる．

第 4 章

外部委託・調達・供給契約

◆ 4.1 はじめに ◆

　1990年代，外部委託（アウトソーシング）は，多くの産業において，製造業者の注目を浴びた．企業は，外部委託で，調達から生産までのすべての機能を担えると考えたのである．経営者達は株式の価格を懸念し，利益を向上させることができる組織作りを行おうとするプレッシャーが高まった．もちろん，利益を高める簡単な方法の一つが，外部委託であった．実際に，1990年代半ばには，外部からの購入量は，企業の全販売量のうち，かなりのパーセンテージを占めた．さらに最近は，1998～2000年の間に，電子産業における外部委託は，全構成要素の15～40％に上昇した[1]．

　例えば，ファッション業界の中でも技術革新にかなりの投資が必要なスポーツシューズ業界を例に考えてみる．この業界で，ナイキ（Nike）ほどの成功を収めた企業はない．ナイキは，製造活動のほとんどすべてを外部に委託している．世界最大のスポーツシューズ供給業者であるナイキは，研究と開発を主に行っているが，その一方で，マーケティング，販売戦略，流通も行っている．実際に，この戦略により，ナイキは，1990年代は年率約20％成長し続けた[2]．

　シスコの成功例はさらに衝撃的である．シスコの情報主任であるピーター・ソルヴィクによると，「シスコのインターネットを利用したビジネスモデルによって，1994～1998年までの間に13～80億以上という4倍の規模になった．生産性が向上している間，四半期ごとに新しい雇用者を約1,000人雇用し，事業活動

費を年間5.6億ドル削減した.」シスコは企業向けのネットワーク・ソリューションに特化している.シスコの最高経営責任者であるジョン・チェンバーズ (John Chambers) によると,シスコは「世界規模の仮想製造戦略」を採用した.彼の説明によれば,「はじめのうちは,我々は,世界中に製造工場を建てた.また,我々は,主な供給業者と綿密な関係を築いてきた.そのうち,供給業者と共働し,きっちりとした仕事をやっていれば,顧客たちは,自社工場と,台湾などのその他の工場と区別がつかないことに気がついたのだ[3].」このアプローチは,シスコの仮想単一企業システムを可能にした.このシステムは,企業の全活動のバックボーンを提供し,顧客と従業員をつなげるだけでなく,チップ製造業者,部品供給業者,契約製造業者,ロジスティクス企業,システムインテグレータまでもをつなげる.これらの関係者はすべて,インターネット上の同じデータをもとに,一つの企業のように機能する.シスコの供給業者はすべて同じ需要情報を参照し,サプライ・チェーン内の複数地点を通ってきた情報に基づく独自の予測には頼っていない.シスコは,供給業者の在庫を減らすために,動的補充システムも構築した.シスコの,1999年の平均在庫回転率は10回で,競合他社の平均は4回であった.大量消費製品の在庫回転率は,さらにすばらしく,年に25〜35回に達している.

アップル・コンピュータ (Apple Computers) も製造活動のほとんどを外部に委託している.実に,全構成要素の70%である.クイン (Quinn) とヒルマー (Hilmer) は次のように指摘している.「アップルは,アップル製品に独自性を持たせるために,内部資源をオペレーティングシステムとアップル製品用のソフトウェアに費やしている[2].」

残念ながら,ナイキ,シスコ,アップル,その他,かなりの部分(特に製造部分)を外部委託に頼っている企業の展望は変化した.

- 2001年,ナイキは,予想外の利益減少を発表した.いくつかの製品は在庫が大量に残り,いくつかの製品は在庫不足となり納品が遅れた[4].ナイキは,アメリカ経済の影響と,サプライ計画システムの実行が複雑なこと,両方が原因であるとした.
- 1999年,アップルは,モトローラから提供されるG4チップが不足し,顧客需要を満たす能力が著しく欠如することとなった[3].

- 2000 年，シスコは，在庫が陳腐化したため，22.5 億ドルの減額を余儀なくされた．電気通信における需要にシスコが効率よく対応できなかったため，需要が著しく減ってしまったためである．

何がいけなかったのだろうか？ ただ単にサプライ・チェイン戦略にさらに細かい調整が必要だったのか，それとももっと効果的な情報システムが必要だったのか？ これらの問題は，外部委託の根本的な難しさによるものなのだ．明らかに，ナイキ，アップル，シスコは，ライフサイクルが短い製品を提供している代表的な企業であり，技術革新が早く，顧客需要の不確実性が非常に高い．こういった特徴が，企業が直面している問題の原因だろうか？ それとも，考慮すべきもっと根本的な原則があるだろうか？

これらの問題の答えを見つけるために，購入するか自社製造するかを決定するプロセスについて，まず議論してみる．外部委託に関する利点と危険性を確認し，購入するか自社製造するかを決定する最適化の枠組みを説明する．

この枠組みを説明した後で，多くの購入側企業にとって非常に費用がかかる調達プロセスについて議論する．最初のオンライン・マーケットが登場した1995年から，独立（公共ともいわれる），私有，共同体ベースの電子市場（オンライン・マーケット）が導入され，調達の展望は，かなり変化してきている．これらの発展によって，多くの購入側企業は，好機にも挑戦にも直面している．特に，経営者は，重要な問題に直面している．つまり，企業は，費用のかかる自社専用の電子市場に投資すべきなのか，共通データ規格を提供し資金投資を多くの購入側企業間で分散できる公共の市場を利用するべきなのか，それとも，ある種の製品は公共の市場で購入し，その他は個人的な市場で購入するような混合型の手法を使うべきなのだろうか？ こういった問題を解決するために，我々は，適切な調達戦略を選択する枠組みを整備する．その過程で，調達戦略を示す枠組みが，外部委託戦略に強い関連性を持っていることがわかるだろう．

そして最後に，供給契約について説明する．企業は，供給業者と関係を確立するために供給契約を使う場合が多い．これについても，適切に供給契約を使用すれば，供給業者と購入側企業の両方に利益を生むことができることをみていこう．

◆ 4.2 外部委託の利益とリスク ◆

1990年代全体にわたって，戦略的外部委託，つまり，主要な構成要素の製造を外部に委託することが，すばやく費用を削減する方法として用いられた．最近の研究では，レイクナン（Lakenan），ボイド（Boyd），フロイ（Frey）[3]が，ソレクトロン（Solectron），フレックストロニクス（Flextronics），SCIシステムズ（SCI Systems），ジャビル・サーキット（Jabil Circuit），セレスティカ（Celestica），ACTマニュファクチャリング（ACT Manufacturing），プレクサス（Plexus），サンミナ（Sanmina）の八つの主要な契約機器製造業者（CEM：contract equipment manufacturer）を展望している．これらの企業は，デル，マルコーニ（Marconi），NECコンピュータ（NEC Computers），ノーテル（Nortel），シリコン・グラフィクス（Silicon Graphics）などの主な供給業者である．この八つの契約機器製造業者の収益は，1996～2000年までの4倍になったが，資本金は11倍になった[3]．

外部委託の動機には，次のようなものがある[2,3]．

規模の経済：外部委託を行う重要な目的の一つに，さまざまな多くの購入側企業からの注文を集約し，製造費用を削減することがある．実際に，供給業者は，集約することで，調達と製造の両方で規模の経済を有効利用できる．

リスク共同管理：外部委託により，購入側企業は，需要の不確実性を契約機器製造業者に転嫁できる．製品を購入している企業からの需要を集約し，リスク共同管理の効果を生かして不確実性を低減できることが，契約機器製造業者が持つ利点の一つである．このため，契約機器製造業者は，サービスレベルを維持，あるいは改善しながら，構成部品の在庫レベルを削減できる．

資本投資の削減：外部委託を行うもう一つの重要な目的は，需要の不確実性だけでなく，資本投資を契約機器製造業者に転嫁することである．もちろん，契約機器製造業者は，暗黙のうちに投資を多くの顧客と共有することになるため，この投資が可能なのである．

中心的能力に注目する：何を外部に委託するか注意深く選択することによって，企業は自社の中心となる強みに集中することができる．つまり，企業を他

の競合企業から差別化し，顧客の目に有利に映るような，特定の才能，技術，知識である．例えば，ナイキは，製造を行わず，技術革新，マーケティング，流通に集中している[2]．

柔軟性の拡大：ここで柔軟性とは次の三つを示す．ⅰ）顧客需要にうまく対応する能力．ⅱ）製品の開発サイクルタイムを早めるために供給業者の技術知識を利用する能力．ⅲ）新技術と革新を利用できるようにする能力．これらは，ハイテク産業のような技術の変化が激しい産業や，ファッション製品のようにライフサイクルの短い製品において，重大な課題である．

これらの利益には，新たに大きな危険性が伴う．IBMが外部委託によって，どのように利益を上げ，損害を被ったか，考えてみよう．

事例 4-1

　IBMが，1981年に，パーソナルコンピュータ（PC）産業への参入を決定したとき，PCを設計し製造するための基盤を持っていなかった．IBMは，これらの能力の開発に時間を費やすよりは，PCの主要な構成部品のほとんどすべてを外部に委託することにした．例えば，演算装置（マイクロプロセッサ）は，インテルによって設計と製造が行われ，オペレーティング・システムは，シアトルにあるマイクロソフトという小さな企業により提供された．IBMはこのPCを，これらの企業の専門知識と資源を利用して，設計開始から15週間で市場に届けることができた．さらに，3年で，PC供給業者のNo.1企業であったアップルにとって代わり，1985年までに，市場の40％を占めた．しかし，悪いことに，まもなくIBMの戦略が知られることとなり，コンパックのような競合する企業がIBMとまったく同じ供給業者を使って市場に参入してきた．そのうえ，IBMがOS/2と呼ばれる独自のオペレーティング・システムを搭載したPS/2パソコンシリーズを導入して市場の主導権を取り戻そうとしたが，他の競合する企業はこれに追随せず，独自の設計が市場で劣勢となってしまった．1995年の終わり頃には，IBMの市場占有率は8％以下に下降してしまい，コンパックが10％を占め筆頭となった[5]．
（訳注：IBMは2004年にPC事業から撤退した．）

IBM のパーソナルコンピュータの例と，最近のシスコの例で，外部委託に関連する二つの実質的な危険性が明らかになった．これには次のような事柄が含まれている[2,3,6]．

競争力のある知識の損失：供給業者に重要な構成部品を委託すると，IBM のパーソナルコンピュータのように，競合他社によい機会を与えてしまう場合がある．同様に，外部委託は，企業が自分達の予定に合わせて新しい設計を導入する能力を失い，供給業者の予定に合わせて新しい設計を導入することを意味している[2]．そして，さまざまな部品の製造をさまざまな供給業者に外部に委託すると，職能上の枠を超えた新しい見識，革新，解決を促進する妨げになる可能性がある[2]．

目的の矛盾：供給業者と購入側企業は，一般に，さまざまな矛盾した目的を持っている．例えば，柔軟性の向上は，購入側企業がさまざまな部品の製造を外部委託する際の主な目的である．これには，供給と需要をうまく合わせるように生産率を調整する必要がある．残念ながら，この目的は，長期間の安定した契約を購入側企業と結びたいという供給業者の目的とはまったく逆である．実際に，これは供給業者にとって重要な問題である．というのも，供給業者の利益幅は，購入側企業に比べて小さいため，柔軟性よりも費用削減を考えなければならないからである．需要が多く景気のよい時期には，購入側企業は契約上の最低限の数量を購入することを約束した長期契約を結びたいため摩擦が生じる．一方，需要が著しく低下する景気の低迷期には，購入側企業にとってこういった長期契約が莫大な経済的危険性を伴う[3]．

同様に，製品設計の問題も，供給業者と購入側企業の相反する目的の影響を受ける．これに関しても，柔軟性を主張する購入側企業が，頻繁なモデルチェンジを要求するのに対し，供給業者は，費用削減に集中しているので，設計変更に対する反応は遅れ気味になる．

◆ 4.3 外部委託か自社製造かを決定する枠組み ◆

企業は，どの部品を製造し，どの部品を外部に委託するのか，どのように決定しているのだろうか？コンサルタントやサプライ・チェインの権威者（を自称

する人達）は，一般に，中核となる能力（コア・コンピテンシー）に注目することを提案するが，企業はどのようにして，中核となる能力を見つけ，内部で作成し，何が中核ではない能力であるため外部の供給業者から購入するのかを見きわめればよいのか？

以下に，ファイン（Fine）とホイットニー（Whitney）によって開発された枠組みを紹介する[6]．枠組みを紹介するために，外部委託の理由を大きく二つに分類している．

能力依存：この場合，企業は，構成部品を作るために必要な知識と技術を持っているが，さまざまな理由で外部に委託する．

知識依存：この場合，企業は，構成部品を作るために必要な，労働力，技術，知識を持たず，これらの能力を使えるようにするために外部に委託する．もちろん，その企業は，顧客のニーズを評価する知識と技術を持っている必要があり，それを構成部品に対する鍵となる要求や特徴に生かす．

以上二つの概念をわかりやすく説明するために，ファインとホイットニーは，トヨタの外部委託決定について考察している．成功した日本の自動車製造業者として，この企業は，車の構成部品の30％を設計，製造している．内容は非常に興味深い．

- トヨタは，エンジンを作る知識と能力の両方を持っており，実に100％を内部で生産している．
- 変速装置に関しては，知識を持っており，すべての構成部品の設計を行っているが，製造能力は供給業者に依存しており，70％を外部に委託している．
- 車両の電子機器に関しては，トヨタの納入企業によって設計と生産が行われている．つまり，能力と知識の両方を依存している．

ファインとホイットニーは，「トヨタは，構成部品とサブシステムの戦略的役割によって外部委託の方法を変えているようだ」と観察している．構成部品が戦略的に重要であればあるほど，知識や能力の依存度は低くなっている．このことから，何を外部に委託するか考える際には，製品の構造についてよく知っている必要があることがわかる．

このためには，ウルリッヒ（Ulrich）[7]とスワミナサン（Swaminathan）[8]に従って，一体化製品とモジュール製品を区別する必要がある．モジュール製品とは，

いくつかの部品から作られているものである．パソコンは，モジュール製品のよい例である．これは，顧客が，メモリやハードディスクのサイズ，モニタ，ソフトウェアなどを決めている．ほかにも，家庭用のステレオ機器や高性能自転車などがある．モジュール製品の定義は次のようになる[9]．

- 構成部品が個々に独立している
- 構成部品が交換可能である
- 標準インタフェースが使われている
- 構成部品は，他の構成部品にほとんど，あるいはまったく関係なく，設計したり改良したりできる
- 顧客が製品の構成を決められる

一体化製品とは，反対に，機能の関連性が非常に高い構成部品で作られている製品である．そのため，定義は次のようになる．

- 一体化製品は，規格品の構成部品からは作られていない
- 一体化製品は，トップダウン設計手法でシステムとして設計される
- 一体化製品は，構成部品の性能ではなく，システム全体の性能で評価される
- 一体化製品の構成部品は，複合的な機能を果たす

もちろん，現実社会では，一体化製品かモジュール製品のどちらかにはっきり区別できるものはほとんどない．実際には，モジュール製品であるか一体化製品であるかの程度は，PC（高度なモジュール製品）から飛行機（高度な一体化製品）までさまざまである．例えば，車は，多くのモジュール部品（例えば，ステレオシステムなどの電子機器）と一体化部品（例えば，エンジン）で構成されている．

表4.1は，ファイン[9]とホイットニー[6]によって開発された，自社製造か外部委託かを決定するための簡単な枠組みを表している．この枠組みでは，モジュール製品と一体化製品の両方と，企業の能力と知識への依存性を考慮している．モジュール製品は，知識の取得が重要であるのに対し，内部に生産能力を持っていることはさほど重要ではない．例えば，PC製造業では，知識の取得が，さまざまな構成部品の設計に及ぶ場合がある．このように，企業が知識を持っていれば，製造工程を外部に委託すれば費用削減の機会が得られる．反対に，企業が，知識と生産能力のどちらも持っていなければ，供給業者によって開発された知識

表 4.1 外部委託か自社製造かの決定の枠組み

製　品	知識と能力で依存	知識で依存せず能力で依存	知識も能力も依存しない
モジュール製品	外部委託は危険	外部委託は適している	外部委託により費用削減の機会あり
一体化製品	外部委託は非常に危険	外部委託も選択可能	内部生産を続行

が競合他社にも流用される可能性があるため,危険性の高い戦略となってしまう.一体化製品では,可能な限り,知識と生産能力の両方を持っていることが重要である.つまり,もし企業が知識と生産能力を持っているならば,内部で生産したほうがよいということである.反対に,もし,いずれかが欠けていれば,ビジネスとしてふさわしくない.

◆ 4.4　電 子 調 達 ◆

1990年の中頃から終わりにかけて,企業間取引（B2B）の自動化がサプライ・チェインに重大な影響を与えるのではないかと考えられた.1998～2000年の間に,化学薬品,鉄鋼から公共事業,人材派遣まで,数百の電子取引市場が多くの企業によって開設された.この取引市場は,数ある中で,購入側企業と供給業者の両方に,市場拡大,調達費用の削減,取引のペーパーレス化を期待させた.実際に,アリバ（Ariba）やコマースワン（CommerceOne）のような企業は,請求手続きを自動化する電子調達ソフトウェアによって,1注文にかかる処理費用を150ドルから5ドルに削減できるだろうという前提のもとに設立された[10].

電子調達により非常に高まった期待と,製造業者と供給業者がサプライ・チェインの性能を改善できる新しいビジネスモデルの必要性をさらに理解するために,1990年中頃のビジネス環境を考えてみる.その当時,多くの製造業者は,自己の調達機能の外部委託を必死に探そうとしていた.これらの企業は,調達機能は非常に複雑で,かなりの専門知識が必要であり,費用がかかることを認識していた.実際に,B2B取引は,経済活動の大部分を占めており（企業と顧客（B2C）の取引よりかなり大きい）,B2B市場は非常に細分化されている場合が多く,多くの供給業者が同じ市場で同じ製品を提供し競争している.

もちろん,細分化された市場には,長所も短所もある.事実,購入側企業は,

同様な製品を提供する多くの供給業者を互いに競い合わせれば，調達費用を著しく削減可能であることがわかっている．残念なことに，このように費用削減を達成するには，調達プロセスに対してかなりの専門知識が必要であるが，この専門知識を持っていない場合が多いのである．

このような状況の中で，独立（公共）電子市場が提供され始めた．独立（公共）電子市場は，サプライ・チェインの垂直面にフォーカスしたものや，水平面のビジネスプロセスをターゲットにしたもの，機能面にフォーカスしたものがある．フリーマーケッツ（FreeMarkets）やバーティカルネット（VerticalNet）のような企業では，多くの供給業者間の競争を強いる提供をし，購買取引に関する専門知識と能力を提供している．特に，電子市場を始める多くの企業には，次のような価値が要求される．

- 購入側企業と供給業者の仲介役として働く
- 節約の機会を見つける
- 入札に参加する供給業者を増やす
- 供給業者の身元を保証し，資格を与え，支援する
- 競売（オークション）を実施する

こうして，1996〜1999年まで，調達費用の削減が注目を浴びた．実際に，産業によっては，電子市場により，数%〜最大40%，平均で15%の調達費用が削減されたことが報告された．明らかに，このビジネスモデルは，購入側企業が短期（スポット）市場に注目し，供給業者と長期的な関係を結ぶ必要性が重要でない場合には適切である．実際に，もし長期の関係が重要であるならば，オンラインでの入札で供給業者を選択するのは危険性が高いといえる．

問題は，もちろん，供給業者にとってどのような価値が要求されているかが明らかではないことである．電子市場は，比較的小さい供給業者の市場を拡大し，電子市場なしでは購入してもらえないように購入側企業に到達することを可能にする．電子市場によって，供給業者（特に細分化された産業において）は，購入側企業が長期的な取引は望まないが，安値で，ある程度の品質の物を望むような，短期市場に参入できる．同様に重要なのは，これらの市場は，供給業者の営業と販売にかかる費用が削減できるため，価格で張り合うことができるようになることである．そして，電子市場を利用すれば，供給業者は，自己の生産能力と在庫

を有効利用できるようになる．当然，これらの恩恵で，平均15%，最大で40%の歳入の減少を補うことができるのだろうか，ということが疑問になる．同時に，すべての供給業者が価格だけで競争することに納得していないことも考えられる．このように，供給業者，特に名の通った企業にとって，電子市場を介して自己のサービスを売ることに抵抗がある場合も考えられる．

電子市場についてよく考えてみよう．どのように利益を生み出すのだろうか？当初は，市場の多くが購入側企業か供給業者，あるいは両方に**取引手数料**を課していた．この手数料は，購入側企業が支払う価格に比例し，1〜5%までさまざまである[11]．しかし，取引手数料は，市場作成者にとって難しい問題である．理由は次のとおりである．

① 売り手は，購入価格を削減することが主な目的である企業に対して，手数料を支払うことに抵抗がある．

② 取引手数料は，契約を確実なものとしたいという意欲が強いほうが支払うべきであるため，電子市場の収益を得る方法は柔軟である必要がある．例えば，需要が，供給よりもかなり大きければ，購入側企業は販売側企業より意欲が強いため，購入側企業が取引手数量を支払おうとするだろう．

③ 購入側企業も，購入価格にさらに手数料を支払うことに抵抗がある．

最近では，参入障壁が低いため，細分化された市場で溢れかえる結果をまねいた．参加者達で溢れかえる細分化された産業を作り出した．例えば，化学工業だけでも，CheMatch, e-Chemicals, ChemB2B.com, ChemCross, OneChem, ChemicalDesk, ChemRound, Chemdex[12] を含む，約30の電子市場がある．利益幅が低く規模の経済を達成できないことが，この産業の再編成を余儀なくさせることとなった．

これらの困難への挑戦は，電子市場ビジネスモデルをさらに進化させる動機になった．はじめに，顧客との課金方式が大きく変化した．実際には，2種類の別の課金方法が生まれた．つまり，**ライセンス手数料**と**登録料**である．前者は，市場作成者がソフトウェアのライセンスをユーザに与えるものである．企業が電子市場を自動的に利用できるようになる．後者は，市場は，企業の規模，そのシステムを使う従業員数，注文数に応じた登録料を課すものである[11]．

同時に，多くの電子市場は，自分たちがどのような価値を提供するのかを完全

に変更した．最初は，市場価値の焦点は，調達費用の削減と，購入側企業と販売側企業が市場にアクセスできるようにすることにあった．しかし最近（ここ数年）では，電子市場は一変し，次のような四つの市場を生み出した．

付加価値独立（公共）電子市場：独立電子市場は，在庫管理，サプライ・チェイン計画，金融サービスなどの付加的なサービスを提供するようになってきた[13]．例えば，Instill.com は，食品サービス業に注目し，レストラン，卸売業者，製造業者などの食品サービスに関連する諸企業を結びつけている．この電子市場は，顧客に対する調達サービスだけでなく，予測，協働，補充ツールを提供しているところに価値を見出している．

私有電子市場：私有電子市場は，例えば，デル・コンピュータ，サン・マイクロシステムズ（Sun Microsystems），ウォルマート，IBM などで開設されている．これらの企業は，電子市場を供給業者の価格競争の場として使用していない．むしろ，供給業者に需要情報と生産データを提供し，電子市場をサプライ・チェインの協力を向上させる方法と考えている．他の企業は，私有電子市場を全体の調達力を整備するために使用している．例えば，70 カ国に 16,000 の加盟店を持つレストランフランチャイズのサブウェイ（Subway）は，100 以上の供給業者から購入できるようになっている．

組合型電子市場：これらの電子市場は，同じ産業の複数の企業によって開設されていることを除いて，公共電子市場とまったく同じである．自動車産業のコビジント（Covisint），航空宇宙産業のエグゾスター（Exostar），石油産業のトレードレンジャー（Trade-Ranger），電子機器業界のコンバージ（Converge）とイーツーオープン（E2Open）が例として挙げられる．これらの組合型電子市場の目的は，活動を集約し，組合参加者の購買力を強化するだけでなく，さらに重要なのは，供給業者に対し，組合のすべての購入側企業に標準のシステムを提供し，それによって供給業者の費用削減と効率化を可能としていることである．

目録型電子市場：これらには 2 種類の市場が含まれる．一つ目は，保守，修理，作業（MRO）部品が中心であるのに対し，二つ目は，産業特有の製品が中心である．名前が示している通り，この電子市場の焦点は，目録にあり，多くの産業の供給業者から集められたカタログを提供することに主眼をおいている．

規模のメリットを獲得し効率の向上をはかるために，目録型電子市場は供給業者のカタログに統一性を持たせ，供給業者の製品を検索・比較するために効果的なツールを提供している．例えば，アスペクト・デベロップメント（Aspect Development）は，CADシステムを統合した電子部品のカタログを提供している．

私有電子市場と組合型電子市場の違いを明確にするために，自動車産業を考えてみる．

事例 4-2

コビジントは，2000年はじめにデトロイトの三大自動車メーカー（ビッグスリー；ゼネラル・モーターズ，フォード，ダイムラークライスラー（Daimler Chrysler））によって開設された．2000年春には，ルノー（Renault）と日産がこの市場に加わった．さらに最近には，三菱とプジョー（Peugeot）が参入した．興味深いことに，すべての自動車メーカーが加わったわけではない．例えば，フォルクスワーゲン（Volkswagen）は，自己の供給業者と処理プロセスに注目し，独自の私有電子市場，VWgroup-supply.comを開設した．フォルクスワーゲンの電子市場は，コビジントと同じ能力を提供するだけでなく，供給業者に生産計画の情報をリアルタイムに提供し，供給業者が生産能力や資源を有効利用できるようにしている．どちらの場合においても，電子市場は，調達費用の削減ではなく，サプライ・チェインのプロセスを改善することでサプライ・チェインの効率化をはかることを焦点としている．例えば，どちらも設計活動を市場に統合しようとし，もしも自動車メーカーの技術者が構成部品の設計を変更する場合には，関係する供給業者も関与して，設計変更に即座に対応し，サイクル時間を短縮し，費用を効果的に削減できる．もちろんコビジントは，競合する自動車メーカーたちは，最も繊細な調達プロセスをあえて組合全体に使わせるようなことをするだろうか，という重要で困難な問題に直面している[14]．

これらの課題は，自動車産業特有のものではないことが，次の電子産業の例で

わかるだろう．

> **事例 4-3**
>
> 　セレスティカとソレクトロンは，類似製品と顧客を競合しているが，異なる調達戦略を持っている．1999年にセレスティカは，1万の供給業者を持つ私有電子市場を開設した．この企業は，この私有電子市場を供給業者に生産関連のデータを提供するために使用している．セレスティカが顧客から受け取る需要予測データは，その私有電子市場のポータルを通して供給業者に伝えられ，供給業者はセレスティカのサプライ・チェインの最終部分（つまり，供給業者の生産活動）を，セレスティカのサプライ・チェインの先頭部分（つまり，顧客需要予測）に合わせることができる．セレスティカとは異なり，ソレクトロンは，公共電子市場を利用している．ソレクトロンの情報主任であるバド・マサイセル（Bud Mathaisel）によれば，8,000の供給業者を統合した私有電子市場の開設と支援には8,000万ドル以上かかっただろうということである．公共電子市場に注目したことで，ソレクトロンは，データ標準と標準的なビジネスプロセスをうまく利用することが可能となっている[15]．

　表4.2は，公共／組合電子市場と，私有電子市場を比較したものである（同様の比較については参考文献16）参照）．

　最後に，異なるタイプの電子市場の境界は，あいまいであることを指摘しておく．実際に，多くの組合型電子市場は，目録型のサービスを提供している．例えば，コビジントの顧客のカタログは，詳細な保守・修理・作業（MRO）情報を購入側企業に提供している．さらに，コビジントは，取引相手との情報交換を改善させる可能性を認識しているため，購入側企業と供給業者が安全な（秘密の漏れない）環境で利用できる共同ツールを提供している．このように，この組合型電子市場は，私的な取引と同じようなサービスを提供している．

表 4.2　私有電子市場と公共電子市場

	私有電子市場	公共／組合型電子市場
所有者	単一企業	独立所有社または同じ産業の企業グループ
目的	1. 製品設計，需要予測，製造計画を含む機密情報の共有 2. ロジスティクスとサプライ・チェインの協力を可能とする	1. 価格に注目して大量消費製品を売買する 2. 新規納入業者を見つける 3. 過剰な在庫と能力の売買
参加者	納入業者グループを選択	オープン市場
購入企業の費用	サイトの構築と維持にかかる費用	1. 会費 2. ライセンス料 3. 取引手数料
納入業者の費用	なし	1. 取引手数料 2. 会費
主要な問題	1. 初期投資 2. データの正規化とアップロード	1. 最近の多くの電子市場の廃止 2. 価格重視のため有力な納入業者からの反発 3. 機密情報の共有化 4. データの正規化とアップロード

4.5　電子調達の枠組み

　前の節で紹介した企業間取引市場での変化は，好機と課題の両方をもたらしている．電子市場により，購入側企業は，市場の拡大，供給業者とのさらなる協力，サプライ・チェインからの非効率性の除去などを得ることができる．しかし，さまざまなタイプの電子市場が導入されるようになり，企業は，私有電子市場を開設すべきか，独立電子市場を利用するのか，それとも組合型電子市場に参加すればいいのかはっきりしない状況となっている．この後，経営者や管理者達が製品に合う調達戦略を見つけられるような枠組みを紹介しよう．このために，企業が購入する商品のタイプを次のように区別する[17]．

　戦略的部品：これらは，最終製品の部品であり，産業特有なだけでなく，企業特有のものである．これらは通常，コンピュータのマザーボードや外枠のような，コンピュータごとに違う一体化製品である．

　取引型製品：これらは，さまざまなベンダーから購入され，価格が市場の動向により決められる製品である．これらは，一般的に，コンピュータのメモリユニットのような，製品に直接組み込まれるモジュール部品である．また，最終

製品にそのまま使われるわけではない，電力のような物資もこれに含まれる．

間接材料：間接材料とは，保守・修理・作業（MRO：maintenance, repair, operations）と呼ばれることが多く，最終製品や製造過程の一部ではないが，ビジネスには必要不可欠なものである．例えば，照明，用務備品，オフィスの備品，留め具，発電機が含まれる．

適切な調達戦略は，明らかに企業が許容可能なリスクレベルと購入しようとしている製品の種類によって違ってくる．このリスクには次のようなものがある[18]．

- 需要の不確実性．これによって在庫リスクが決まる
- 市場価格の不安定性．これによって価格リスクが決まる
- 部品の入手可能性．これは企業が顧客需要を満たすことができなくなる欠品リスクと関連する

さまざまなタイプのリスクをわかりやすく説明するために，取引型製品（最終製品に直接組み込まれる部品）の購入を考えてみる．製品の性質上，インターネット上のオークションのような一般市場と，長期契約のどちらでも購入することができる．長期契約では，特定の納入レベルが保証されるが，実際の需要が，予測需要を下回ったり上回ったりした場合に，購入側企業にリスクとなる場合がある．需要が予測を下回った場合，企業は莫大な在庫保管費用を支払わなければならなくなる．需要が予測を上回った場合，欠品になる危険性や，価格リスクに直面する．価格リスクとは，必要な部品を，不足時に一般市場で購入すると，一般に価格が高くなるということである．また，必要な部品が一般市場ではまったく入手できないということも，起こりうることであるため，欠品の危険性もある．次の枠組みを考えてみる．

間接材料：間接材料に関連したリスクは，一般的に低いため，多くの供給業者（納入業者）のカタログを統合している目録型電子市場を用いるべきである．

戦略的部品：これらは，少数の供給業者からしか購入できない，非常にリスクの高い部品である．そのため，我々の分析では，私有あるいは組合型電子市場が適している．この場合，この組織の焦点は，供給業者とさらによい協力関係を築くことにある．つまり，電子市場を使い，供給業者に購入側企業の生産計画とリアルタイムの需要情報を提供し，供給業者が能力や資源を有効利用でき

るようにすることである．もちろん，私有電子市場を開設するか，組合型電子市場を使うかの決定は，次の事柄によって決まる．
- 取引量
- 供給業者の数
- 私有電子市場の開設と維持費用
- その企業が所有するビジネスの実践法を保護する重要性
- 技術と製品のライフサイクル

最後の項目にはいくつか説明が必要である．明らかに，技術と製品のライフサイクルが短くなればなるほど，主要な供給業者の協力が必要になる．現行の取引技術においては，購入側企業に主導権がある私有電子市場による取引のほうが協力体制を作りやすく，私有取引の特徴を使って購入側企業と供給業者の設計費用と開発サイクル時間を削減できる．

取引型製品：これは，最も難しい製品分野である．なぜなら，こういった製品の多くが，最終製品に直接使われるため，リスクが非常に高い．反対に，企業はさまざまな可能な選択肢を持っている．これらには，しばしば変更可能な長期契約を提供している多くの潜在的な供給業者から選択することが可能であり，短期の購入を行うスポット市場も利用することが可能である．リスクの高さと，選択肢の多さから，この場合には，価格とリスク管理の両方に注目すべきである．これは，リスクと費用の間の適切なトレードオフに注目するポートフォリオ手法によって達成可能である[18,19]．ポートフォリオ手法を導入するには，企業は次に挙げる事柄を組み合わせて使用する必要がある．

① 長期契約：購入側企業と供給業者で取引量を決め，供給業者は契約した価格での納入レベルを保証する．この決められた納入レベルを我々は**基本契約レベル**と呼んでいる．

② 柔軟契約（オプション契約）：購入側企業は，製品価格のうちほんの一部を前払いしておき，その見返りとして，ある一定レベルまでの需要を満たしてくれるように供給業者と契約する．我々は，このレベルを**オプションレベル**と呼んでいる．もし，この購入側企業がこのオプションを行使しなければ，最初に払った金額を失うこととなる．購入業者は，オプションレベルに達するまで，1購入単位ごとに追加価格（契約時に同意した価格）を支払って，

表 4.3 ポートフォリオ契約におけるリスク・トレードオフ

追加レベル	基本契約レベル 低	基本契約レベル 高
高	在庫リスク（納入業者）	なし*
低	価格と品切れのリスク（購入側企業）	在庫リスク（購入側企業）

*：与えられた状況で，選択レベルか基本契約レベルのどちらか一方のみが高い．

好きなだけ購入することができる．もちろん，購入側企業が支払う（前払いした金額に追加購入価格を加えた）合計価格は，1ユニットの価格で比較すると，長期契約の場合より高くなる．

③ スポット購入：この場合，購入側企業が追加購入をする場合に一般市場を利用する．この場合，企業は独立電子市場を使って供給業者を選択するべきである．この段階では，市場を利用して新たな供給業者を見つけ，納入業者を競わせて購入価格を抑えることに的を絞る．

ポートフォリオ手法を用いてどのようにリスクを扱えばよいのだろうか？ 需要が予測よりもかなり高く，基本契約レベルとオプションレベルで十分に対応できなければ，企業は，追加購入するためにスポット購入を利用しなければならない．残念なことに，スポット購入に市場を利用する場合は，品不足のために価格が高騰しており，非常に悪い状況であることが一般的である．このため，購入側企業は，長期契約レベルとオプションレベルを慎重に設定することで，価格リスク，欠品リスク，在庫リスクの間のトレードオフを選択することができる．例えば，同じオプションレベルでも，最初に契約した契約量が多ければ，価格リスクが低くなるが，基本契約レベルが低ければ，スポット市場を利用する可能性が高くなるため，価格リスクと欠品リスクが高くなる．同様に，基本契約のレベルが同じであれば，オプションレベルが高くなればなるほど，企業がオプションレベルのほんの一部しか行使しない場合があるため，企業が想定するリスクは高くなる．これらのトレードオフを表 4.3 にまとめた．この表の括弧内に書かれた者が最もリスクを負うことになる．

◆ 4.6 供給契約 ◆

調達戦略に関するこれまでの議論で，多くの場合，購入側企業が供給業者との関係を築く必要性が明らかになった．これらの関係には，公式であれ非公式であれ多くの形態をとり，適切な製品を適切な時期に納品できるように，購入側企業と供給業者が供給契約を結ぶ．これらの契約は，購入側企業か，供給業者から原材料を購入する製造業者であるか，製造業者から製品を購入する販売する業者のいずれであれ，購入側企業と供給業者の間の課題を提示する．供給契約では，購入側企業と供給業者は次の事柄について同意が必要になる．

- 価格と数量割引
- 最小購入量と最大購入量
- 納入リード時間
- 製品または材料の品質
- 製品の返品条件

購入側企業や供給業者，どちら側でも，相手側やサプライ・チェインの性能に与える影響をほとんど考えずに決定を下している場合が多い．例えば，卸売業者は，自社の費用やリスクのみに注目し，これらをできるかぎり減らそうとする．こういった理由から，卸売業者は，少量注文し，配送センターにある商品を売ることに集中して，製造業者が何を提供しているかにはあまり興味がない．

興味深いことに，ここ数年で，多くの研究者や実務家は，製品の供給契約は，製品の適切な需要と供給を確保するだけの方法ではなく，はるかにずっと強力な方法であることに気がついた．実際に，最近，新しい契約を設計・使用することにより，サプライ・チェイン内の諸企業が，適切な需要と供給を確保するだけでなく，サプライ・チェインの性能を改善することが可能になった．これは，供給業者と卸売業者の間でリスクを分け合うことを可能にするさまざまな契約によって達成され，これによって両者の利益が向上する．

サプライ・チェインの性能にかかわる，さまざまなタイプの供給契約と重要性と影響をわかりやすく説明するために，小売業者と製造業者で構成する典型的な2段階のサプライ・チェインを考えてみる．ここで考えるサプライ・チェイン

内での諸イベントの流れは次のようになる．小売業者は．まず予測を行い，供給業者にどの程度注文するか決定する．そして，自社の利益が最適になるように製造業者に発注する．一方，製造業者は小売業者の注文に応じるための行為を行う．このプロセスは，**シーケンシャル・サプライ・チェイン最適化**と呼ばれるものである．シーケンシャル・サプライ・チェインでは，各企業が，他の企業の決定に与える影響を考えずに，独自に自社の一連の行動を決定する．第1章でみてきたように，これは，サプライ・チェインの他の参加者にとって効果的な戦略にはなりえない．

サプライ・チェインの要素を，このシーケンシャルなプロセスを超えて，大域的に最適化されたものへと移行するメカニズムを探すのは当然のことである．さらに厳密にいうと，サプライ・チェインの参加者が各参加者の利益を改善するために使うことができるメカニズムがあるのか，ということである．この疑問の答えとして，すでに説明したような，小売業者が販売量以上の在庫を保有するリスクのすべてを請け負い，製造業者はまったくリスクを負わないシーケンシャル・サプライ・チェインを観察してみよう．実際に，製造業者はリスクがまったくないため，製造業者は，小売業者に対しできるかぎり多くの注文を望むだろうが，製造業者は，小売業者は経済的リスクがあるため注文量を限定する．もちろん，小売業者は発注量を限定するため，売切れの可能性が非常に高くなる．もし，製造業者が小売業者とリスクを分散できるようにしようとするならば，小売業者がもっと注文することが有利になり，その結果，売切れの可能性が減り，製造業者と小売業者の両方の利益が上がることになる．

以下に示す多くの供給契約によって，このリスクの共有化が可能になり，そのため，サプライ・チェインの両参加者（小売業者と製造業者）の利益が向上することになる．

買戻し契約：買戻し契約では，販売者が，購入者から売れ残った商品をある決められた価格で買い戻す．明らかに，これは小売業者に対しさらに注文する意欲を起こさせるため，商品が売れ残るリスクを低減するものであるので，反対に供給業者のリスクは明らかに増加する．このように，この契約は，小売業者からの注文が増加か，売切れの可能性を低減するように設計される．製造業者のリスク増加を補うことよりも，売切れの可能性を低減している．

収益分与契約：シーケンシャル・サプライ・チェインにおいて，小売業者が注文量を限定する重要な理由の一つに，卸売価格の高さがある．もし何とかして，小売業者が，製造業者を説得して卸売価格を下げてもらうことができた場合，明らかに小売業者がさらに購入しようとする意欲が高まる．もちろん，卸売価格を下げると，さらに売ることができなければ，製造業者の利益が減ることになる．これは収益分与契約と呼ばれる．収益契約では，購入者（小売業者）は，卸売価格を割引する見返りとして販売者（製造業者）に利益を配分する．つまり，この契約において，小売業者は，最終消費者に売られた各ユニットからの利益の一部を製造業者に受け渡す．

数量可変契約：供給業者は，返品商品の数がある一定量以下であるかぎり，返品（売れ残り）商品に対し全額払戻しを提供する．したがって，買戻し契約がすべての返品商品の部分的な払戻しを提供しているのに対し，この契約は一部の返品商品に対して完全な払戻しを提供するものである[20]．

売上リベート契約：売上リベート契約は，ある一定量以上に売られた商品に対して，供給業者が小売業者に手数料を支払い，小売業者が売上を伸ばそうとする直接的動機を提供する．

大域的最適化：ここに述べたさまざまな契約で重要な疑問が浮かび上がる．つまり，供給業者と購入側企業の両方が達成したい最大の利益とは何だろうか，ということである．この質問に答えるために，まったく別の考え方をしてみよう．公平な意思決定者がサプライ・チェイン全体に最適な戦略を見つけるとしたらどうだろうか？この公平な意思決定者は，二つのサプライ・チェイン参加者，つまり製造業者と小売業者を同じ組織に属する2人の仲間として考える．つまり公平な意思決定者は，仲間どうしの金銭の受け渡しは無視し，サプライ・チェインの利益を最大化しようとするだろう．

もちろん，こういった公平な意思決定者は，通常は存在しない．しかし，効果的な供給契約は，サプライ・チェイン提携者に対し，自己の利益を最適化する伝統的な戦略を，サプライ・チェインの利益を最大化する大域的最適化に置き換える動機を提供する．大域的最適化において困難なのは，個々の企業が独自に決められたことを公平な意思決定者に明け渡すことである．

これは，まさに，なぜ供給契約がそれほど重要なのかということである．供給

契約は，公平な意思決定者なしに，大域的最適化を達成し，購入側企業と供給業者がリスクと潜在的な利益の共有を可能にしている．実際に，綿密に設計された供給契約により，大域的最適化とまったく同じような利益を得られることが証明できる．

さらに，導入の観点からみると，大域的最適化の主な難点は，大域的最適化には得られた利益を参加者達に配分する仕組みがないことである．大域的最適化で得られるのは，利益を改善するためにサプライ・チェインが取るべき最良もしくは最適な一連の対策である．供給契約は，サプライ・チェインの参加者にこの利益を分配する．

さらに重要なのは，効果的な供給契約を用いれば，どの参加者も最適化の一連の決定からそれないように，各参加者に利益を分配することができる．

次の例で，供給契約の実践例を詳しく説明する．

事例 4-4

1998年まで，ビデオレンタル店では，映画会社からビデオを約65ドルで購入し，顧客に3ドルで貸し出していた．購入価格が高いため，レンタル店は，最も需要の多い時期に対応できる十分な本数を購入することはできないということが，映画のビデオが発売されてからの最初の10週間によく起こっていた．結果として顧客へのサービスレベルは低かった．つまり，1998年の調査では，顧客の20％が，第1希望の映画が借りられていなかった．そして，1998年に，ブロックバスター・ビデオ（Blockbuster Video）が映画製作会社と収益分与契約を締結した．この契約では，卸売価格がビデオ1本あたり65ドルから8ドルに引き下げられ，そのかわり，各レンタル価格の30～40％を映画製作会社に支払うこととなった．この収益分与契約はブロックバスター・ビデオの収益と市場に大きな影響を与えた．今日では，ほとんどの大型ビデオレンタル店で，収益分与契約が採用されている[21]．

もし，これらのタイプの供給契約がそれほど有効であるなら，なぜもっと多くの企業が実践しないのだろうか？ 答えは，もちろん，導入には，さまざまな難

点があったり挑戦が必要であったりするためである．例えば，買戻し契約には次のような難点がある．

- 供給業者に，効果的なリバース（還流）・ロジスティクス・システムが必要であり，供給業者のロジスティクス費用が増加する可能性がある．
- 小売業者に対し，買戻しをしてくれない供給業者の競合製品のほうを売ろうとさせることになる．実際に，買戻し契約は購入側企業にとって，買戻し契約をして売れ残った場合，買戻し契約をしないで売れ残った場合より損失が少ない．つまり，小売業者は買戻し契約をしていない競合製品をなるべく売ろうとする．

収益分与契約には，別の，次のような難点がある．

- プログラム管理費用．供給業者が小売店の収益を管理する能力に関連した費用である．
- 小売業者は，利益幅が大きい競合製品をなるべく売ろうとする．つまり，収益分与契約により，小売業者の利益幅が小さくなるのが一般的である（なぜなら，利益の一部が卸売業者に支払われるからである）ため，小売業者は，他の製品，特に収益分与契約を結んでいない競合他社の同じような製品を売ろうとする．

収益分与契約と買戻し契約の両方が，卸売業者（小売店）が需要を特定の製品に転換できる能力を持っている場合に，不適切で深刻な欠点になる．この場合には，ある一定量を超えて販売される商品に対して，製造業者から卸売業者に直接手数料を支払われるようにする，売上リベート契約のほうが適した戦略である．

◆4.7 ま と め◆

この章では，外部委託と調達戦略について考察した．外部委託には，利点と危険の両方があり，外部に委託するか自社で製作するか決定する枠組みについて検討した．これらの決定は，対象部品がモジュール部品か一体化部品か，それから企業が対象商品を製造するための専門知識と能力を持っているかどうかで行ったほうがよい．

我々は，電子市場の成長と，電子市場がビジネス戦略に与える影響についても

考察した．数多くの電子市場が出現し，それぞれのタイプによってさまざまなビジネスのニーズを満たしている．購入される部品のタイプに応じて，適するタイプの電子市場が違ってくる．取引型製品には，調達戦略のポートフォリオを組むことが最も適している．

そして最後に，供給契約をうまく設計すれば，独立企業がサプライ・チェインにおいて大域的に最適された調達決定と在庫決定を行うことが可能となることがわかった．

第5章

顧 客 価 値

◆ 5.1 はじめに ◆

　今日の顧客主導型の市場では，製品やサービスそのものではなく，企業との総合的な関係の中で顧客によって認められる価値が問題となる．企業の製品やサービスの品質の評価尺度は，社内の品質保証基準から，社外の顧客満足度に発展し，さらにそこから顧客価値へと進化している．供給主導型の生産時代には，不良品数のような社内の品質基準が企業の目安として優性であった．良品質の製品を顧客に提供することが主な目標であった．顧客満足の尺度は，既存の顧客，企業の製品の用途，企業のサービスに対する印象に注目していた．これによって，現在の顧客に関する貴重な情報が得られ，企業内で改善に関するアイデアが考案された．現在重要視されている顧客価値は，これをさらに一歩進めたものである．つまり，顧客価値は，顧客が競合製品の中で特定企業の製品を選択した理由を把握し，製品，サービス，製品と企業イメージを構成するその他の目に見えない要素のすべてを解明しようという目的がある．

　顧客価値の視点からみると，企業は提供するサービスと顧客についてさらに広い視野を持とうとする．広い視野を持つには，なぜ顧客が買うのか，買い続けるのか，あるいは企業を見放すのかを学ぶことが必要である．顧客の好みと要求は何なのか？ どうすれば満足させられるのか？ どの顧客から利益が得られ，収益を伸ばせる可能性があるのか，どの顧客が損失をもたらすのか？ 顧客価値の前提条件を注意深く検証し，トレードオフは妥当であるか確認する必要があるとい

うことである．例を挙げると次のようになる．
- 顧客は，優れた顧客支援サービスよりも低価格を重視しているのか．
- 顧客は，翌日配達を希望しているのか，それとも低価格を希望しているか．
- 顧客は，専門店で買うのか，あるいは，1カ所で何でも揃う大型店で買うのか．

　これらの疑問は，あらゆる事業において重要であり，事業戦略と目標達成度を評価する原動力にもなっている．

　それまで間接的な機能として考えられてきたロジスティクスが，サプライ・チェイン・マネジメントにおける注目すべき分野として見方が変わってきたのは，このような展望の変化によるところも一部ある．サプライ・チェイン・マネジメントは，当然のことながら顧客の要求を満たし，価値を生み出す重要な構成要素である．これと同様に重要なのは，製品が入手できるかどうかということと，どれだけ早くそしてどれだけの費用で製品を市場に届けられるかをサプライ・チェイン・マネジメントが決定していることである．我々のサプライ・チェイン・マネジメントの定義（第1章参照）によれば，顧客の需要に応答することがサプライ・チェインの最も基本的な機能である．この機能には，製品物流における物理的な特性のみならず，それに関連する情報（生産状況や輸送状況など）とそれらの情報を入手できる能力も含まれている．

　また，サプライ・チェイン・マネジメントで費用を大幅に下げることによって，重要な顧客価値である価格に影響を与えることができる．これまでの章で見てきたように，デル・コンピュータは，製品の最終組立を購買（つまり，注文に合わせた生産）時点まで遅延させることによって，サプライ・チェインの費用を下げる手法を取り入れ，パソコン業界で競合メーカーよりも安く売ることができた．ウォルマートはクロス・ドッキング戦略を導入し，納入業者と戦略的に提携することによって費用を引き下げることができた．そして，ウォルマートと他の小売業者が使っている「毎日低価格」という営業政策もまた，サプライ・チェインの優れた効率が背景にある．

事例 5-1

　最近，Kマートが破綻したが，その原因はウォルマートとの価格競争における戦略にあったと考えられる．第1章で見てきたように，ウォルマートの1980年代はじめの目標は，必要なときに必要な場所で顧客が商品を入手できることと，他社より安い価格を実現できる価格構造を構築することだった．この目標を達成する鍵となるのが，サプライ・チェインの効率のよさを最重視する戦略であった．その一方で，Kマートは収益を上げ続けることを望むあまり，サプライ・チェインの効率を上げるための投資，特に情報技術への投資を怠った．1990年代の終盤には，Kマートのサプライ・チェインの効率は，ウォルマートに及ばないものとなってしまった[1]．

　この例から，価格戦略とサプライ・チェインの効率を関連させることの重要性がわかる．この点については5.3節で述べる．

　顧客価値は，サプライ・チェインの変化と改善を促す．それは顧客からの厳しい要求や競争によって，あるいは競争上の優位を維持しようとする企業努力による場合もある．さらには大手製造業者，卸売業者，小売業者は，彼らの供給業者に対し，彼らの要求を実現可能にするためのサプライ・チェインを採用することを要求する．特に，ウォルマートは，その多くの供給業者に対してベンダー管理在庫を実施するように要求し，ヒューレット・パッカードやルーセント・テクノロジー（Lucent Technologies）のような大手製造業者は，部品メーカーに対して使用部品を常時100%利用可能となるように，在庫を保管することを要求している．そのかわりに，このような大手製造業者は，必要な製品とサービスを提供する納入業者を自発的に1社に絞るか，あるいは少なくとも一定量の購入を約束している．

　最後に，顧客を逃さないために必要なサービスの種類と，顧客サービスに必要なサプライ・チェインの種類を決定するためにも，顧客価値は重要である．企業のサプライ・チェイン戦略は，その企業が提供する製品やサービスの種類と，顧客へ提供される多様な要素が持つ価値によって決まる．例えば，顧客が1カ所での買い物によってすべて揃えたいと望むのであれば，たとえ在庫管理の面から費

用がかかっても，多くの製品とオプションを揃える必要がある．顧客がその企業に対して製品の先進性を求めているならば，企業は，そのサプライ・チェインを通じて需要があるかぎり常に先進的な製品を供給する必要がある．企業が個別にカスタマイズされた製品を提供するのであれば，それを可能にする十分な柔軟性をそのサプライ・チェインに持たせる必要がある．このように，サプライ・チェインは，あらゆる製品や販売戦略においても考慮される必要がある．そうすることによって，サプライ・チェイン自体が顧客価値の増大につながる競争優位をもたらす．

◆ 5.2 顧客価値の切り口 ◆

我々は，顧客価値を，企業が提供する製品，サービス，その他の無形のもの全体に対する顧客側の認知の仕方であると定義してきた．顧客の認知は次に挙げるいくつかの切り口に分類することができる．

- 顧客の要求に対する適合
- 製品の選択
- 価格とブランド
- 付加価値サービス
- 関係と体験

上記の項目のうち3番目までは必要不可欠なものであり，4番目以降は，重要性は低いがより高度な「切り口」である．しかし，重要度の低い「切り口」は，企業が提供するものに付加価値を与え，差別化するための独創的なアイデアの源となる．この節では，それぞれの「切り口」がサプライ・チェイン・マネジメントによってどのような影響を受けるのか，そして反対に，サプライ・チェイン・マネジメントにおいて，それぞれの「切り口」に内在する顧客価値をどのように考慮する必要があるのかを示す．

5.2.1 要求に対する適合

顧客が求め必要としているものを提供することがサプライ・チェイン・マネジメントの基本的な要件であり，このためにサプライ・チェイン・マネジメントで

は，商品の入手可能性と選択可能性を顧客に提供することでこの要件を実現している．マーシャル・フィッシャー（Marshall Fisher）はこれを，サプライ・チェインの市場仲介機能と呼んでいる[2]．この機能は，原材料から商品を製造し，それらを，サプライ・チェインを通して顧客に出荷するというサプライ・チェインの物理的機能とは異質の機能である．需要と供給に差異がある場合，市場仲介機能に関連する費用が発生する．供給が需要を上回る場合は，サプライ・チェイン全体に在庫費用が発生し，需要が供給を上回る場合，販売の機会損失と，市場シェアの低下につながる．

　製品需要が，おむつや石鹸，あるいはミルクなどの**大量消費製品**のように予測できるものであれば，市場仲介機能は大きな問題とはならない．明らかに大量消費製品においては，効率的なサプライ・チェインによって，在庫，輸送その他の費用を削減することに着目して，全体の費用を削減することが可能である．これは，キャンベル・スープとプロクター＆ギャンブル（P&G）のサプライ・チェインに採用されている戦略である．

　ファッション関連商品やその他の需要変動の大きな商品の場合は，商品に対する需要の特性によって，販売の機会損失や過剰在庫による大きな費用が発生する．需要変動の激しい商品のサプライ・チェインでは，需要に対する高い感応性，短いリード時間，柔軟性，そしてスピードが重視され，それらは費用よりも優先される．サプライ・チェイン戦略が製品の特性に適合していない場合，それは企業の市場に対する適応能力に大きな問題があるといえる．次の事例はそれを示している．

事例 5-2

　電子リレーを製造している韓国の企業を考えてみよう．電子部品業界の競争はきわめて激しく，顧客は供給業者を自由に選ぶことができる．したがって，必要な製品を必要なときに製造業者が供給できないと，競合メーカーに顧客を奪われてしまう．さらに悪いことに，毎月の顧客の需要変動が非常に大きいために顧客の需要を予測することが難しい．費用を削減するために，製造業者は極東地域の製造拠点から，船便を使って製品を出荷している．不

幸にも，製品が米国の倉庫に到着する時点までに需要が変化してしまい，部品によっては不足し，一方で在庫の陳腐化が生じている製品もあった．そのため，輸送リード時間を短縮することによって，在庫レベルと費用を抑制し，顧客への売上を伸ばし顧客を確保するために，製造業者は製品出荷に航空貨物便を使うことを検討している．

要求を満たすには，「入手のしやすさ」，つまり顧客が商品を簡単に見つけ購入できるかどうかに配慮することも必要である．マクドナルド（McDonald's），スターバックス（Starbucks），ウォルグリーンズ（Walgreens）といった企業は，第一に不動産を手に入れる．実際の店舗に加えて（あるいは，実際の店舗の代わりに），郵便，電話，Webサイトなどで入手できれば，顧客は商品を購入しやすくなる．そして，入手のしやすさには，店舗やWebサイト内の商品の配置，つまり顧客が探している商品を見つけやすく購入しやすいかということも含まれている[3]．グレンジャー（Grainger）は，以前からのビジネス指向をWebサイトと統合することに成功した．これは，顧客が必要とするサービスを企業が提供できたよい例である．

事例 5-3

ウィリアム・W・グレンジャー（William W. Grainger）が1927年に設立した事業は，インターネットを用いた成功例となっている．グレンジャーは，電動機の一貫した供給を迅速に効率よくできないものかと考えていた．もともとモーターブック（MotorBook）と呼ばれていたものが，今日のグレンジャーカタログ（Grainger Catalog）の前進である．以来，製品の種類は22万以上のMRO（maintenance, repair, operations：保守，修理，作業）業者と部品にのぼっている．グレンジャーの1999年の収益は45億ドルであり，工業製品で最大の企業である．1995年，グレンジャーは，さまざまな目的で，Webサイト利用の第一歩を踏み出した．

- 印刷されたカタログにある86,500種類の製品だけでなく，グレンジャーが扱う22万種類のすべての製品を顧客が入手できるようにする．

- 顧客の要求に最適な製品を検索，特定，選択できるような，さらに便利な手段を提供する．
- 顧客が注文したその日に最寄の支店から配達するか，グレンジャーの五つある地方配送センターから発送し翌日に配達されるようにする．

しかし，グレンジャーは次のような困難に直面している．

- 商品価格が6,500万種類あり，価格がまちまちであるため，インターネットでは，それぞれ個々の顧客に対する価格構造を扱えなければならない．
- 売掛購入する顧客に対しては，信頼性の確認，支払いに関する指針を制定しなければならない．
- 在庫確認をリアルタイムで行えなければならない．顧客は，部品をすぐに入手したい場合が多い．
- 販売力の補充をしなければならない．グレンジャーは，インターネットでの注文に手数料を支払うこととし，販売員に顧客に対しWebサイトで購入するよう勧めさせた．Webサイトのほうが，ほかの方法より費用効果が高いからである．

この取組みは，グレンジャーに大きな影響を与えた．1999年には，グレンジャーは，Grainger.comの開発，営業，顧客サービスに2,000万ドルを費やし，1億ドルの注文をもたらした．2000年前半には，グレンジャーの収益は1.2億ドルとなった．Webサイトの注文額は平均で250ドルであり，支店や電話での注文は140ドルであった[4]．

5.2.2 製品の選択

多くの製品には，スタイル，色，形状など広範囲なオプションがある．例えば，自動車には，5種類の車種，10色の塗装，10種類の内装カラー，それにオートマチックとマニュアルの変速機があるとする．それらの組合せは全部で1,000種類にもなる．卸売業者と小売店にとって難しいのは，このような多様な製品構成や製品の組合せのほとんどの在庫を保管しなければならないことである．製品選択肢が増大したために，特定仕様の製品に対する顧客需要を予測することが難しくなり，小売業者と卸売業者は多種にわたる大量の在庫を抱えざるを得なくな

る．

　このように製品種類が増加したため，顧客価値を分析し把握するのが非常に難しくなっている．事業形態の成功例として次の3タイプがある．

- 1種類の製品に特化し提供するタイプの企業：このタイプにはスターバックスやサブウェイのような企業がある
- 1カ所で多様な製品を購入できる巨大店舗：このような店舗の例としては，ウォルマートやターゲットなどがある
- 一つの製品領域のみに特化した巨大店舗：このような店舗の例としては，ホーム・デポ，オフィス・マックス（Office Max），スポーツマート（Sportmart）などがある

　このような傾向は，インターネット上でも見られ，ウェブサイトの中には変化に富んだ多様な製品を提供することで成功しているショップや，単一製品に特化しているサイトがある．例えば，新しく成功したウェブサイトのブルーデニムシャツ．コム（BlueDenimShirts. com）は，「世界唯一のブルーデニムシャツ工場です．あなた自身のためのシャツを1枚買おうが，あなたの企業のロゴ（商標）入りシャツを1,000枚買おうが，生産工場から直接購入できます．しかも世界最安値で．」を宣伝文句にしている．同様の例として，ブラックレザーバッグ．コム（BlackLeatherBags. com）とホワイトタオル．コム（WhiteTowels. com）がある．

　パソコン業界では，製品の販売方法に大きな変化があった．80年代半ばには，パソコンはエッグヘッド（Egghead）のような専門店で販売されていた．90年代初期にはシアーズ（Sears）のような百貨店で販売されるようになった．しかし，最近では直販ビジネスモデルが一般的になっている．そして，直販ビジネスモデルの主要企業の一つであるゲートウェイ（Gateway）は，小売店舗を開設した．これは，企業が数多くの消費者に製品を販売するには，さまざまな小売店舗を通して販売する必要があることを示している．実際に，サーキット・シティー（Circuit City）のような企業は，顧客がWebサイト上で商品を買って店舗で商品を受け取ることができる．

　これまで見てきたように，製品の急増と特定モデルに対する需要予測の難しさから，小売業者や卸売業者は，巨大な在庫を抱えざるを得なくなっている．そこ

で，非常に多様な製品構成や製品についての在庫問題の解決方法を紹介しよう．

1）デル・コンピュータが開発した手法は受注生産モデルであり，このモデルでの製品構成は，受注時点で初めて決定される．これは，遅延差別化の考え方を用い，第2章で説明した押し出し・引っ張り型戦略を実行するための効果的な方法である．次にこの戦略を実行する興味深い例を紹介しよう．

事例 5-4

アマゾン．コムは，インターネット上の小売店として最もよく知られている．1995年に莫大な種類の本を販売することから始まり，後に音楽CDやビデオも販売するようになった．そして最近は玩具や電化製品などその他の製品の販売も始めた．アマゾンの納品戦略は，時間が経つにつれて発展してきた．はじめは，まったく在庫を持たなかった．顧客が本を注文すると，アマゾンは，イングラム・ブックに注文を転送していた．しかし最近は，七つの巨大な自社倉庫を開設し（後に1カ所は閉鎖されるが），顧客に直送するようになった．2001年に，アマゾンは利益を生み出すように輸送業務に注目するようになった．これにより納品にかかる費用を改善した．これには，6カ所の倉庫費用，顧客サービス，クレジットカード手数料が含まれており，2000年第4四半期の13.5％から2001年の第4四半期には9.8％に引き下げられた．アマゾンはこれを次のことを実行して達成した．

- 注文品の仕分けの改善と高性能な包装機械の利用によりこれによりアマゾンは，同じ従業員数のままで，発送数を前年に比べ35％向上させた．
- 購入傾向を予測するためにソフトウェアを使用し，これによりアマゾンは第4四半期の在庫レベルを18％も削減できた．
- 商品の40％を混載してトラック満載で主要都市に発送し，地域ごとの郵便仕分を省くことにより，輸送費用を著しく削減できた．
- トイザラスやターゲットと商品販売の提携をし，輸送処理と顧客サービスの代金を受け取る．これらの提携により，2.25億ドルの収益をもたらし，売上高利益率をアマゾン全体の25％と2倍とした．
- 他の販売者に古本の販売ができるようにし，休暇シーズンの販売が

38%増加した．これらの商品に対する，アマゾンの全体の利益幅は85%であった．これはeBayのビジネスモデルに類似している．

アマゾンは，価格面でも挑戦を行っている．アマゾンは，ほとんどすべての本を20ドル以上，もしくは30%以上割引している．最も売れ行きのよい，いわゆるベストセラー本を50%割引とし，他の本を20%割引にしていたこともある．2001年はじめに，本の価格を上げ始め，5〜10%割引にしたこともあったが，販売数が減った分だけの利益が上がっただけだった．書籍業界では，ベストセラー以外の本の価格割引をしている店舗はほかにはほとんどない．アマゾンが価格割引をできる理由は，次の通りである．一般に，本は売れるまで本屋の棚に6カ月から1年置かれている．この在庫費用を数百の店舗で合計すると莫大なものになる．しかし，アマゾンは，倉庫に1冊か2冊ずつ保管しているだけで，国全体の需要に対応し，顧客が本を購入するとすぐに在庫を補充する[4]．

2) 自動車のように製造リード時間の長い製品に適した戦略は，大量の在庫を主要な物流センターで保管することである．このような物流センターによって，メーカーはリスク共同管理（第2章参照）を活用して在庫レベルを削減し，顧客には迅速に自動車を引き渡すことができる．ゼネラル・モーターズは，この方法をフロリダ州にあるキャディラック工場で始めた．ディーラーが自社に在庫していない車種を，地域倉庫に注文すると，1日以内に配送される．この戦略を考える際に二つの大きな課題を提起しなければならない．

- **地域倉庫での自動車の在庫費用**：メーカー（つまり，ゼネラル・モーターズ）は地域倉庫の在庫費用を負担するのか？ 負担する場合，メーカーの在庫費用は増えるが，ディーラーの在庫は減り在庫費用を節減できる．
- **小規模ディーラーと大規模ディーラーの格差がなくなる**：すべてのディーラーが同じ地域倉庫にアクセスできるようになれば，ディーラー間の格差がなくなる．地域倉庫から在庫費用負担を求められる場合には，特に大型ディーラーがこのような仕組みへ積極的に加わる理由はなくなる．

3) もう一つの可能性は，ほとんどの顧客の要求に対して定番オプションの組合せで提供することである．例えば，ホンダはオプションの種類を限定している．

また，デル・コンピュータでは，パソコンに搭載できるオプションの可能な組合せは実にさまざまであっても，顧客に提供するモデムやソフトウェアのオプションは，わずかな種類しか用意していない．実際，このような種類の多さは，すべての製品に対して必要というわけではない．例えば，多くの雑貨商品の多様性が，実は何の役にも立っていない．28種類もの歯みがき粉が一例である[2]．つまり，製品の多様性が顧客価値を上げられるとは限らないのである．

5.2.3 価格とブランド

製品価格とサービスレベルは，顧客価値の最も重要な部分である．顧客は，価格だけを考慮するわけではないが，製品によっては受け入れられる価格帯は狭いものとなる．例えば，商品が大量消費製品の場合（パソコンのような精密機械でも大量消費製品である）その価格帯は限定されている．したがって，企業はそのサプライ・チェーンの変革によって費用優位性を実現している．デル・コンピュータの直販ビジネスモデルでみたように，顧客自身に製品のシステム構成を任せて，それを支援するサプライ・チェーンを構築することは，顧客価値を増大させるのみならず，費用を削減することにもなる．

ウォルマートは，サプライ・チェーンによって低価格商品を提供し，競合企業より安く販売することができるようにした革新者である（事例5-1参照）．また，ウォルマートのような小売業者や，プロクター＆ギャンブル（P&G）のような製造業者が採用した「毎日低価格」という販売方針が，鞭効果を減らすための重要な手法であることも指摘した．この販売方針は，顧客に対しては不利なタイミングで購入するのではないかと心配せずに済むとアピールし，小売業者や製造業者に対しては特売の結果もたらされる需要変動を心配せずに済むという利点をもたらす．

さらに，ブランドも価格を左右する重要な要素である．今日の市場では，店員数が減り，スーパーマーケット形式を望む顧客が多くなってきている[5]．これは，無人店舗販売からインターネット上までさまざまな小売環境全般にいえることである．

事例 5-5

　インターネットで販売されている本とCDの価格について考えてみよう．最近の研究で「インターネット上の販売価格は，小売店間で相当なかつ意図的な差異が生じている．表示価格の平均は，本で33%，CDで25%もの違いがある」ということがわかった．さらに重要なのは，インターネット上で一番低い価格で提供している小売店が必ずしも多く売れているわけではないことである．例えば，調査によると，ブックス．コム（Books.com）は，99%の商品をアマゾン．コムより低い価格に設定しているが，調査が行われた時点でアマゾン．コムが市場の80%を占めており，それに対しブックス．コムは2%であることがわかった．この理由として説明できるのは，「顧客の信頼を得ていることと，それに伴うブランド力」である[6]．

　インターネットが顧客の行動に与える影響は，ブランド名の重要性を強めた．なぜなら，顧客はブランド名によって品質が保証されているように感じるからである．メルセデス（Mercedes）の車，ローレックス（Rolex）の腕時計，コーチ（Coach）のバッグなどのブランド名は，高品質と威信を助長し，こういった雰囲気のない商品よりも価格を高く設定できる．価格が高いこと自体も威信と品質を認めさせることにもなる．利益幅の高い商品には，高いサービスレベルが求められ，サプライ・チェインの応答性をさらに高くする必要がある．サプライ・チェイン費用の増加分は，利益幅が大きいため埋め合わせができる．

事例 5-6

　最も成功した小口貨物運送業者としてフェデラル・エクスプレス（Federal Express）が成長した重要な原因は，同社が最初に翌日配達に的を絞ったことである．これによって市場では翌日配達という言葉が同社のサービスを意味するようになった．ほかにもっと安く発送できる手段があったとしても，同社のブランドとそれが象徴する信頼性のために，顧客はフェデラル・エクスプレスで製品を配送するという価値に対して喜んで代替手段との

差額を支払うのである[6]．

多くの産業において「製品」とは，「物理的な製品」と，それに関連する「サービス」を意味している．一般に，物理的な製品に価格をつけることよりも，サービスに価格をつけるほうが難しい．同時に，異なるサービスを比較することは非常に難しく，その結果，価格の多様性も増大する．このことは，物理的な製品にすることが難しいような新たな無形の商品やサービスを開発する企業に機会があることを示している．このような機会を，顧客が実際にすすんで金を支払おうとするような無形の商品に変える挑戦についてこの後見ていく．

5.3節では，戦略的価格決定について考察し，企業が巧みな分析を行いサプライ・チェイン費用に見合う顧客サービスを行う様子を見ていく．

5.2.4 付加価値サービス

多くの企業にとって，供給過剰の状態にある経済の中で，製品の価格だけで競争することはできない．したがって，ほかに収益源を見つけることが必要である．このため，各企業は，競合他社と差別化し，より高い利益を生み出す価格構造をもたらす付加価値を提供しようとしている．

サポートやメンテナンスのような付加価値サービスは，ある種の製品，特に技術的な製品の購買を決定する重要な要因となる．多くの企業が，実際に製品の周囲により多くのサービスを付加しつつある[7]．次に挙げる事柄が原因の一部になっている．

- 製品の**取引型製品化**．価格のみが問題となり，価格以外の特徴に差がなくなると収益性は悪化し，製品販売による競争上の優位性がなくなる．
- 顧客とより密接になる必要性．
- 顧客との密接な関係を可能にする情報技術能力の拡大．

次に，高度なサービスを売り物とした事例を詳しく説明する．

事例 5-7

グッドイヤー・タイヤ（Goodyear Tire & Rubber Co.）は，トラックメー

カーであるナヴィスター（Navistar International Transportation Co.）の全自動組立ラインに対してジャストインタイム方式で取り付けられたタイヤを納入する完全な自動化サプライ・チェイン・サービスを提供している．グッドイヤーには，13人のタイヤ物流専門家からなる情報技術チームがあり，このチームはケンタッキー州ヘンダーソンにあるホイールメーカーであるアキュライド（Accuride, Inc.）とのサプライ・チェイン・プロジェクトのシステムインテグレーターとして機能している．AOT, Inc. と名付けられた合弁事業の下で，グッドイヤーとアキュライドは塗装済みで直接トラックに装着できる完成品のホイール組立品を，フォード，三菱自動車，ナヴィスターに供給している．この組立品の中には，顧客の指定によりグッドイヤーの競合メーカーのタイヤも組み込まれている[7]．

企業間取引（B2B）の電子市場は，参入しやすく多くの企業が価格競争をしている最近の例である．これらの市場作成者達の多くは，数年後に，提供するサービスを拡大する必要があることに気がついた．現在は，金融，ロジスティクス，サプライ・チェインサービスなど，さまざまな付加価値サービスが行われている（第4章参照）．

価格サービスは，簡単にできることではない．IBM のような企業は，「IBM はサービスを意味する」と言いながら，長年にわたってサービスを無償で提供してきた．ところが今日では，IBM はその収入の大半をサービスから得ている．顧客サポートに重点を置いていなかったマイクロソフトのような企業も，サービスを強化するようになってきた．多くの場合，ワンタイムコール料金やサービス契約のように，サポートには料金がかかる．サービスとサポートは，追加収入をもたらすだけではなく，企業を顧客にとって身近なものとし，企業の商品を改善するヒント，個々のサービス内容，製品，サービスにさらにどのように付加価値を持たせていくかを考えるための情報が得られることがさらに重要である．

付加価値を生む重要なサービスは情報提供である．例えば処理中の注文，支払履歴，よくする注文などのデータに顧客がアクセスできれば，その企業を身近に感じる．例えば，顧客は自分の出した注文の処理がいつ終わるかということよりも，むしろ注文がどの処理段階にあるかを知りたがるものである．このような情

報を提供することによって，（顧客が）計画を立てやすくなり，企業に対する信頼性は高まる．今日では小口貨物取扱業において標準となっている小口貨物追跡システムを開拓したのはフェデックス（FedEx）である．次に見ていくように，これはただ単にサービスの強化にとどまらず，自社の従業員が行うデータ入力と照会機能の一部を顧客に委ねることになるので，情報を提供する側にとっても大きな節約につながる．

　情報の可視性を期待する顧客が増加するにつれて，顧客が情報にアクセスできるようにすることは，サプライ・チェイン・マネジメントにおける不可欠な要件となりつつある．これは，インターネットによって可能になり，それをサポートする情報システムに対する投資が企業に求められている．

5.2.5　関係と体験

　顧客価値の最終的なレベルは，企業とその顧客との間の関係を発展させてつながりを強化することにある．それは双方にとって長い時間を費やしてきただけに，顧客は他の業者に切り替えにくくなってくる．例えば，デル・コンピュータは，大口顧客のコンピュータシステムを構築しサポートしている．デル・コンピュータが，特殊なカスタム仕様を含めて大口顧客のパソコン購買の全体を管理している場合，顧客が購入先を変更することは難しくなる．

　顧客価値を提供するもう一つの例として学習関係がある．これは，企業が個々の顧客のプロフィールを特定し，その情報を使って顧客をつなぎとめ，売上を伸ばそうとするものである[8]．例えば，インディヴィジュアル社（Individual, Inc.）は，顧客別の情報サービスを確立し，USAAでは，顧客に別のサービスや製品を勧めるためのデータベースを作成している．

事例　5-8

　1989年にパーキンソン兄弟（Andrew and Thomas Parkinson）によって設立されたピーポッドは，米国においてインターネット上で食料雑貨販売を行う主要企業の一つにまで成長した．ピーポッドは，世界的な食品供給業者のロイヤル・アホルドの子会社で，ストップ＆ショップ（Stop & Shop）やジ

ャイアント・フード（Giant Food）とともに，アホルド USA スーパーマーケットと提携していた．同社は現在，ボストン，コネチカット南部，ワシントン，シカゴ，ニューヨークのロングアイランドで 103,000 名を超える会員に対してサービスを提供している．買い物客は，地域情報に基づいた個別のインタフェースを使ってピーポッドの商品を閲覧することができる．ピーポッドのコンピュータは，食料品や雑貨を買いつけるスーパーマーケットのデータベースに直接リンクしている．買い物客は，カテゴリーに応じた情報にアクセスしたり，また同じ商品を購入するときのために専用の買い物リストを保存しておくことができるなど，独自の仮想スーパーマーケットを作り出すことができる．また，それぞれの買い物が終わると，ピーポッドは「前回いただいたご注文はいかがでしたか？」と尋ねる．そうすることによって提供しているサービスに対する顧客の評価を知ることができる．顧客からの回答率（35％）は比較的高く，顧客の要求に応じてそのサービスを変えている[8]．

ピーポッドが用いた手法は，ドン・ペパーズ（Don Peppers）とマーサ・ロジャーズ（Martha Rogers）によって提案された一対一（one-to-one）企業の考え方の例である[9]．企業は 1 人 1 人の顧客についてデータベースならびに対話的なコミュニケーションを通じて熟知し，1 人の顧客に対してその顧客との取引期間を通じて，可能なかぎり多くの商品とサービスを販売するというのがその考え方である．ピーポッドの場合は，実際にデータベースを利用して新しい商品を顧客に提案し，顧客の好みと需要を追跡し，さらには同社が提供する商品やサービスを顧客に合わせている．

この学習プロセスには時間がかかるが，競合企業がその戦略をまねることが難しくなる．そのうえ，顧客が取引先を変えようとしても，ほとんどの場合，その過程に時間と金がかかることを考慮して二の足を踏む．

実際に，アマゾン．コムのようなインターネットサイトでは，過去の購入品や，類似商品を購入した顧客の情報などに基づいて，顧客に「お勧め」を行う新しい学習機能を利用している．もちろん，顧客が書評や提案ができるインターネットサービスの問題点は，顧客が商品を購入する Web サイトと商品に関する情報を受け取る Web サイトを区別する可能性があることである．提案ツールと顧客の

書評を提供しているWebサイトに，顧客に購入させるだけの説得力があるかどうかは定かではない．顧客が，あるWebサイトから情報を得て，別のWebサイトから購入してもしかたのないことである[6]．

デル・コンピュータは，大手の顧客に対し個別対応し，購入先を他の企業に変えにくくするような，別の方法を導入した．これは，特定のソフトウェアをインストールし，タグを貼り，その他の要求に合わせたカスタム仕様のパソコンを製作し，大企業に提供するものである．デル・コンピュータは，さらにWebサイトを調整し，さまざまなタイプのユーザがそれぞれの要求に応じてアクセスできるようにした．いろいろな意味で，この手法は，マスカスタマイゼーションをさらに拡張して適用するものである．

顧客との関係をさらに超えて，「体験」というものをデザインし売り込もうとしている企業もある．これはパイン（Pine）とギルモア（Gilmore）[10]によれば，顧客主導型の経済の中で差別化をはかり成功するための手段である．彼らは，体験を顧客サービスと明確に区別して定義している．「体験とは，サービスを舞台，商品を小道具として企業が意図的に使うことによって，個々の顧客にとって忘れられないイベントを演出することによって起こる．」[10]．

現在，このような例として，航空会社のマイレージプログラム，テーマパーク，サターン愛用者の集い，レクサスが催す日曜日の洗車つき朝食会などがある．

事例 5-9

シリコン・グラフィクス社は，Visionarium Reality Centerを1996年6月にオープンした．同センターは，販売とマーケティングを目的として作られたバーチャルリアリティセンターである．それは，シリコン・グラフィクス社の映像技術を使って製品を開発する設計者達が，新技術による体験をシミュレーションできるというものである．このバーチャルリアリティセンターは，自動車，航空機，建築物の設計に利用されている．これによって，開発担当者や潜在顧客は，さまざまな試作品の設定を見たり，聞いたり，触ったり，さらには運転したり，歩いたり，飛行したりできる．顧客はこれによって，その新技術を使った場合に製品がどのように見えるのか，感じられるの

か，あるいは聞こえるのかを製造する前に知ることができる[10]．

　インターネットは，まだ十分に探求されていないような体験を生み出す別の機会も提供している．その長所の一つは，インターネットが，同じような興味を持ったり協力を望んでいる人々の関係を構築するために使用できる共同体を作り出すことができることである．そのような技術の一つがeRoomである．これは図面やプレゼンテーションなど，電子メールで送るには大きすぎる統一されていないほとんどのデータ形式でも，複数のメンバが参照し作業できる仮想作業環境である．これらは，eRoom内に設定されており，顧客や潜在顧客と電話会議やデモを行い議論や確認を行うことができる．さらに，参加者達は電話連絡などせずにeRoom内で意見交換ができる．eRoomはいつでも利用できるので，誰もが個人の予定に合わせて利用できる．多くの企業が同じ技術を使って「興味の共同体」を作成しており，社員専用もあれば，社員も外部の提携会社からも利用できるものもある[11]．

　企業は，この体験に対し，サービスの初期段階と同様に，料金を請求できない．販売して料金を受け取る前に，体験が顧客にとって値段に見合うものであると認められなければならない．このため，体験を価値あるものにするために莫大な投資が必要となる．ディズニーのテーマパークは，多くの人々が料金を進んで支払おうとする最高の体験の成功例である．このテーマパークは，映画，キャラクターのおもちゃ，その他の関連商品といったディズニー商品を売るための手段とみることもできる．

　優れた顧客との相互関係（関係と体験）を提供する能力は，製品の製造や輸送とは別の能力である．パトリシア・シーボルト（Patricia Seybold）は，著書の『「個」客革命』（The Customer Revolution）[4]の中で，顧客主導の状況で繁栄するには，事業を顧客中心の要素に完全に変換しなければならないと述べている．彼女は，顧客に卓越したあらゆる体験をしてもらうためのステップを次の八つにまとめた．

① 人を惹きつけるブランド性．顧客が親近感を持つ比類のない提供物を作り出す．
② あらゆる媒介や手段を使い継ぎ目のない体験を配信する．言い換えればア

クセスするポイントや手段に関係なく，顧客の体験と情報が同じであるようにする．
③ 顧客とその成果に感心を持つ．
④ 顧客にとって何が重要であるか評価する．ここで評価すべきものは，企業内部の評価ではなく，顧客の体験の質である．
⑤ 経営の卓越性に磨きをかける．
⑥ 顧客の時間を重んじる
⑦ 顧客が必要とする情報や要求を中核に据える．これには先を見越す能力，例えば，顧客にメンテナンスの必要があることを知らせたり，トレーニングする必要があるかどうかに気づくことなどが必要である．
⑧ 企業が生まれ変わる計画．つまり顧客の要求に基づいて業務を変える能力である．

サプライ・チェインの性能はこれらの点のほとんどに重要である．サプライ・チェインの性能は，優れた顧客体験を配信するために必要な，継ぎ目のない体験と経営上の卓越性だけでなく，ブランド化の役割を果たす．

5.2.6 切り口と卓越性の実現

我々の分析では，顧客価値の切り口は，明らかに企業が顧客価値の目標を選択する必要があることを示している．なぜなら，サプライ・チェイン，市場の細分化，成功のための技術は，この選択に依存するからである．"The Myth of Excellence[3]"（卓越性の神話）という著書において，著者達は，価格，製品，サービス，アクセス，関係をどのようにランクづけするかによって，多くの企業を分析している．著者達の結論によると，企業は，これらのすべての切り口において卓越することはできないというのである（そのため著書名がこのようにつけられている）．成功するには，企業がある属性において優性になり，他企業との差別化をはかり，その他の属性においては必要条件を満たす必要があることを彼らは示した．彼らが挙げた例は次のとおりである．
① ウォルマートは，企業理念を「毎日低価格」としている通り，価格で際立っていて，多様な商品群を取り揃えることはその次である．
② ターゲットは，価格ではなく，商品の多様性を重視している．

③ ナイキは，製品より体験を重視している．
④ マクドナルドは，すぐに利用できること（マクドナルドの店舗はどこにでもある）が第一で，サービスはその次である．
⑤ アメリカン・エクスプレス（American Express）は，サービス第一で，すぐに利用できるかはその次である．

◆ 5.3 戦略的価格決定 ◆

　価格決定とサプライ・チェイン戦略の間には密接な関係があることは，先に述べた．この章では，サプライ・チェイン戦略に影響を与える可能性がある，さらに高度な価格決定の課題について深く掘り下げる．商品の価格戦略におけるインターネットの影響を最も明確に示しているのは，デル・コンピュータである．デル・コンピュータのWebサイト上では，まったく同じ商品が，個人消費者などの小口から中規模取引や連邦政府のような大口取引，または教育機関か医療機関かに応じて，異なる価格で販売されている．デルの戦略[12]を詳しく見てみると，同じ企業に納める同じ製品の価格さえも一定ではない．つまり，購入時期によって大きく変わる場合があるということである．
　デルだけが，高度な価格戦略を使っているわけではない．次のことを考えてみよう．
● IBMとコンパックは，特定の機器に対する需要に基づいて価格を調整することができるソフトウェアへの投資を始めた[13]．
● ニコン（Nikon）のデジタルカメラであるクールピクスは，インターネット上でも店舗でも，約600ドルで売られている．製造業者は，カメラが購入された場所によらず100ドルの手数料を支払う．
● シャープ（Sharp）のデジタルビデオカメラVL-WD255Uは，小売店やインターネットにおいて約500ドルで販売されている．シャープは，購入した顧客に対し，購入場所に関係なく，100ドルの手数料を支払う．
● ボイジー・カスケード・オフィス・プロダクツ（Boise Cascade Office Products）は，オンラインで多くの製品を販売している．ボイジー・カスケードは，オンライン上で最もよく売れる12,000種類の商品の価格は，ほぼ毎日変わる場合

があると述べている[14].

このように，問題は，「これらの企業は何をしているのか？デルは顧客によって価格を変えているのか？デルがこのようにできるのなら，なぜ他の企業もそうしないのか？メイル・イン・リベート（商品についてくるクーポンを郵送して小切手を受け取る）の影響は？むしろ，ニコンやシャープは，顧客からクーポンを郵送してもらう代わりに，小売店に販売する価格を下げたほうがいいのではないだろうか？さらに重要なのは，手数料が効果的なら，小売店も消費者に対して手数料を提供すればよいのではないか？そして，伝統的な固定価格の問題点は何なのか？」ということである．

これらの企業の提案を詳しく見てみると，一つの共通点がある．これらの企業は，収益管理手法を用いて利益を促進しようとしているのである．収益管理手法は，航空，ホテル，レンタカー業界で用いられ成功している．航空業界では，収益管理により歳入が著しく増加した．アメリカン航空（American Airlines）では，収益管理により，10億ドルの利益増加を見込んでいる[15]．実際に，収益管理と航空スケジュール計画システムを組み合わせなければ，アメリカン航空は，この10年間で採算が取れた年はたった1年だっただろう[16]．次の項では，収益管理の原理について見ていき，さらに続く項では，効果的な価格戦略とそれらがサプライ・チェインに与える影響について確認していく．

5.3.1 収益管理

収益管理手法は，近年，採算性を改善したい企業に非常に注目を浴びている．これらの手法は，市場の需要に影響を与える価格決定と在庫戦略を統合し，企業に収益を改善する調整手段を提供する．収益管理は，「適正な時期に，適正な価格で，顧客のタイプに合う適正な数の在庫を販売すること」と説明されてきた[17]．

先に見てきたように収益管理手法は，これまで航空，ホテル，レンタカー業界で採用されてきた．これらの適用については，多くの共通する特徴がある．つまり[17]，ⅰ）陳腐化しやすい製品（一定期間が過ぎると有効期間が切れたり流行遅れとなる）があること．ⅱ）システムの資源容量（航空機の座席数やホテルの部屋数など）が固定されていること．ⅲ）市場力（価格やサービス時間の感度）に基づいて細分化されていること．

収益管理を理解するために，次の例を見てみる．

事例 5-10

400の同等の部屋を持つ高級リゾートの例を考えてみる．管理の焦点となるのは，この後くる5連休の部屋の価格決定である．目標は，収益が最大になるように価格を決定することである．過去の体験をもとに，管理者は，需要 D と価格 p の関係を次の式で見積もっている．

$$D = 1{,}000 - 0.5p$$

これは，価格が1,600ドルである場合，200室の需要があり，価格を1,200ドルにすれば，400室の需要があることを意味している．収益は，価格に需要を掛けたものであることに注意してほしい．このため，この連休の部屋の価格が1,200ドルであるとき収益は次のようになる．

$$1{,}200 \times 400 = 480{,}000$$

図5.1は，需要と価格の関係をグラフで表したものであり，網掛けされた部分は合計の収益を表している．供給するのは400室であるため，一見，これが最良の価格戦略に思える．しかし，需要と価格の曲線をよく見てみると，リゾート側は，1,200ドルより高い金額を払う意思のある顧客にたった1,200ドルしか要求していないことになる．実際に，400のうち200の顧客が，1,600ドル支払う意思がある．さらにこの200の顧客のうち，100は，1,800ドル支払う意思がある．これらすべての顧客が，同じ1,200ドルを請求され

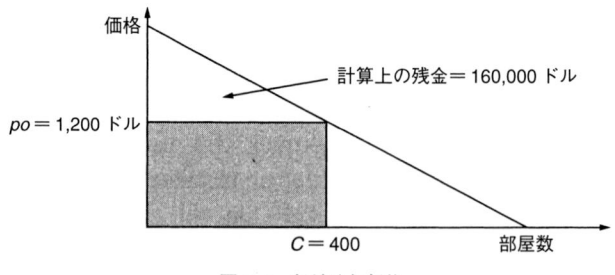

図 5.1 収益分与契約

5.3 戦略的価格決定

るのである.

この単純な分析により，単一価格では，図上に多くの金額を逃すことになることがわかる．実際に，図上に残された金額の合計は，図 5.1 上部の三角部分に相当し，次のように計算できる．

$$(2{,}000 - 1{,}200) \times 400 \div 2$$

そのため，問題となるのは，管理者は，図上に残された三角部分の金額をどのように手に入れるかということである．

そのために，ホテルが導入する差別化または個別化と呼ばれるさらに高度な価格戦略を考えてみる．差別化された価格戦略では，企業は，高い金額を支払うことができる顧客と安い金額だけを支払いたい顧客のような市場細分によって価格を変える．例えば，二重価格戦略では，ホテルが 2 等級の料金，1,600 ドルと 1,200 ドルを導入する．1,600 ドルでは需要が 200 室であるのに対し，1,200 ドルでは需要が 400 室であり，このうち 200 室の顧客はさらに高額を支払う意思のある顧客である．この場合の合計収益は次のようになる．

$$1{,}600 \times 200 + 1{,}200 \times (400 - 200) = 560{,}000$$

したがって，この戦略を使えば，ホテルは，図上に残された金額のうちの 50% を獲得でき，8 万ドルの収益増加が可能になる．

このホテルは，さらに収益を増やすことができるだろうか？三重価格戦略がさらに有効であるかどうか見てみよう．実際に，ホテルが 3 段階の料金，1,800 ドル，1,600 ドル，1,200 ドルを設定しているとする．1,800 ドルでは 100 室，1,600 ドルでは 200 室の需要があり，このうちの 100 の顧客はより高い金額を支払う意思がある．そして，1,200 ドルでは 400 室で，このうち 200 室の顧客は，さらに高い金額を支払う意思がある．このため合計の収益は次のようになる．

$$1{,}800 \times 100 + 1{,}600 \times (200 - 100) + 1{,}200 \times (400 - 200) = 580{,}000$$

二重価格戦略に比べ，2 万ドル増加する．

この例から，収益管理の利点と難点がわかる．価格帯を増やすと，企業は収益を増やすことができ，事実，図上の金額すべてを獲得できる．当然，最も困難な

表 5.1 航空業界における市場区分

		価格感度	
		低	高
所要時間感度	高	ビジネス	提供なし
柔軟性	低	需要なし	レジャー

のは，より高い金額を払うことができる顧客に安い価格を払わせないことである．これには，さまざまな等級の顧客の間に仕切りを設け，この仕切りによって顧客が低い金額を支払うクラスに移らないようにすることが必要である．

これをわかりやすく説明するために，航空業界を考えてみよう[18]．飛行機の乗客は，二つに分類することができる．つまり，レジャーとビジネスでの移動である．レジャー客は価格には非常に敏感であるが，到着までの所要時間には，それほど敏感ではない．反対に，ビジネスでの移動は，到着までの所要時間には非常に敏感であるが，価格にはそれほど敏感ではない．同様に，ビジネスでの移動には，必要な限り彼らの移動計画に合わせられるように高い柔軟性が必要であるのに対し，レジャーでは，それほど柔軟性は必要ではないのが一般的である．これは，表5.1で紹介するデュアデル（Duadel）とバイアル（Vialle）[18]によって開発された枠組みのようにまとめられる．

このように，航空会社は，ビジネスでの利用客を，左上の領域から右下の領域に移動しないように仕切りを設けている．週末滞在や早割などがそうである．もちろん，市場細分ごとにさらに多くの仕切りを設けなければならないなら，価格の等級を増やす必要がでてくる．

5.3.2 賢い価格決定

デル，ニコン，シャープ，ボイジー・カスケード・オフィス・プロダクツが適用した価格戦略には，一つの共通点がある．これらの企業は，価格を顧客需要に影響を与える道具として使い，各産業に収益管理手法の原理を適用している．2種類の，異なりはするが互いに補い合うアプローチが使われている．

個別価格決定　個別価格決定において，目的は顧客を価格感度によって分類することである．デルは，小口の個人客，小規模事業主，大規模事業主，政府機

関，医療機関などに区別した．シャープとニコンは，メイル・イン・リベートを使い，価格感度によって顧客を区別した．こうすることで，購入過程に障害物を設けたのである．つまり，手数料を受け取るには，クーポン券に記入して製造業者に郵送しなければならない．もっと高い価格を支払う意思がある顧客は，必ずしもクーポンを郵送しないだろうというのが前提条件である．もちろん問題は，この前提条件が，これまでの収益管理手法とは違い，メイル・イン・リベートが，さらに高い金額を払う顧客を，クーポンを郵送し価格割引を要求する顧客にならないように妨げることができないことである．このため，メイル・イン・リベートには，さらに詳しい分析が必要である．

- 手数料なしで，各小売店が，利益が最大になるように価格と製造業者からの購入量を決定する．小売店のトレードオフは明らかである．価格を高くすればするほど需要が下がる．このため小売店は，予想する利益を最大にする価格と発注量を見つけなければならない．製造業者は，反対に，小売店に対しできるだけ多く発注して欲しいと考えている．製造業者の利益は，顧客が支払った価格ではなく卸売価格に比例する．

- メイル・イン・リベートを使えば，製造業者が顧客需要に影響を与え，小売店に対し発注量を増やそうとするインセンティブを与える．リベートを導入すると（一部の）顧客が小売店に支払う実質の金額が減るため，小売店は高い需要レベルに直面する．このため小売店の利益は増加する．もちろん，需要の増加により，小売店は製造業者に対しさらに発注しなければならなくなる．リベートを適切に選択すれば，リベートを補う以上に発注量が増加し，製造業者の見込み利益の増加につながる．

- 製造業者側から見ると，問題はもちろん，卸売価格を下げないのかということである．この問題に対する答えはいろいろ考えられる．まず，リベート戦略はすべての顧客が製造業者に対してリベートを請求するわけではないという利点がある．次に，製造業者が単に卸売価格を下げても，小売店がその差額を受け取り顧客には還元されないかもしれない．最後に，最も重要なのは，たとえ小売店が引き下げられた卸売価格を利用して価格決定と発注決定を最適化しても，たとえすべての顧客がリベートのクーポンを郵送してきても，メイル・イン・リベート戦略は，製造業者にとって有利な戦略である．つまり，卸売価格

を下げた以上に製造業者の利益が増加するからである．この問題を理解するために，小売店は，メイル・イン戦略と卸売価格を下げる戦略において同じ量を発注すると仮定して，次の二つの状況を考えてみよう．一つは，発注量は実際の需要よりも少なく，もう一つは，発注量が実際の需要より多い場合である．もし，発注量が実際の需要より少なければ二つの戦略により製造業者が得られる利益はまったく同じである．一方，発注量が実際の需要より多ければ，リベート戦略により得られる製造業者の利益は，卸売価格を下げて得られる利益より大きくなる．

動的価格決定　　動的価格決定（言い換えれば，時間経過による価格変更）は，顧客のタイプを区別する必要のないケースで長い間用いられてきたが，伝統的には販売や販売促進活動にのみ使われてきた．例えば，流行服を売る小売店では，シーズンの終わりに在庫を減らすための割引販売を行う．その際に，この割引はこの時点で購入するすべての顧客に提供される．最近の賢い価格決定の動向においては，動的価格決定方策は，需要と供給をうまく合わせる道具として製造においても適用されている．もちろん，これには経営者が，サプライ・チェインの先頭部分（例えば，価格決定）において，生産スケジュールだけでなく，サプライ・チェインの最終部分（供給業者の在庫）まではっきりと見通している必要がある．

動的価格決定を考える場合の最大の課題は，この戦略が（最適な）一定価格の場合より非常に多くの利益を生み出す状況を見きわめることである．

- **使用可能な生産能力**：他の条件がすべて同じであると仮定すると，平均需要に比べて生産能力が小さければ小さいほど，動的価格決定で得られる利益は大きくなる[20]．
- **需要の変動性**：動的価格決定で得られる利益は，（変動係数によって測定される）需要の不確実性の増加に応じて増加する[19]．
- **需要傾向の季節性**：動的価格決定の利益は，季節的な需要の増加のレベルに応じて増加する[19,20]．
- **計画範囲の長さ**：計画範囲が長くなるほど，動的価格決定で得られる利益は減少する[19]．

概して，研究[19,20]によって，データやモデルによる仮定により，動的価格決

定により利益は 2 〜 6％増加する可能性があることが示されている．動的価格決定による利益の増加は，利益幅の小さい流通業やコンピュータ産業などの企業にとって非常に大きい．

インターネットによって次の事柄が可能になった．

① **表示費用の低減**：これは，小売業者が表示価格[6]を変更する際に被る費用であり，実際の店舗などより，インターネット上のほうがかなり低くなる．このため，デル，ボイジー・カスケード・オフィス・プロダクツなどの，オンライン企業が価格を毎日のように変更することが可能になっている．

② **購入者調査費用の低減**：これは，購入者が商品を探す際に被る費用である．これにより，販売企業の競争が高まり[6,21]，そのため有効な価格戦略の重要性が高まる．

③ **サプライ・チェインの最終部分までの可視性の向上**：デルの電子市場のように，価格，在庫，生産決定の調整が可能になる．

④ **顧客細分化**：インターネット上では，過去のデータを使い顧客の細分化が可能であるが，従来の店舗では難しい[22]．

⑤ **テスト能力**：表示費用が低いため，インターネットでは価格戦略のテストをリアルタイムで行うことができる．ベイカー（Baker），マーン（Marn），ザワダ（Zawada）[22]が提案しているように，オンライン上で販売を行うサイトを訪れる小グループに高めの価格をテストし，このデータを価格戦略の決定に使用する場合がある．

ここで注意すべきことがある．最近の多くの企業による実験から，賢い価格決定戦略を使おうとしている誰もが，顧客を不公平に扱うことは避けねばならないということが明らかになった．

● アマゾン．コムは，いくつかの DVD の価格を，年齢・性別・職業などの人口統計や，使用しているブラウザに応じて変える実験を行った．

「アマゾンは，忠実な顧客がどのくらいの金額を払おうとするのか確かめようとした．そして顧客は悟った」と，ゴメス・アドバイザーズ（Gomez Advisors）の小売店分析者のバレット・ラッド（Barrett Ladd）が述べた．DVDTalk．com の訪問者の多く，とりわけ得意客には，価格が高めに設定されていることがわかり嘆いた．「これらの企業は，繰り返し購入する顧客に

信頼を得ており，わずかに高めの金額を請求できることがわかったに違いない．なぜなら，彼らは忠実であり，いくつかの商品で3～5%高い金額を請求されていても気にしないか気づかないのである．」とあるユーザが書き込んだ．そのユーザのハンドルネームは「熟睡」(Deep Sleep)[23]である．

　顧客たちは，この戦略に否定的な反応を示し，アマゾン．コムは価格テストを中止した．

- コカコーラ（Coca-Cola Co.）の前会長，ダグ・アイヴェスター（Doug Ivester）は，季節ごとに価格を変える動的価格戦略を考えていた．噂によれば，アイヴェスターが辞任したのは，顧客が価格戦略に不満であったことも一因である．
- プライスラインやサンフランシスコに本拠をもつホットワイヤー．コム（Hotwire.com）などのオンラインサイトでは，タイムリミット直前の売れ残り座席やホテルの部屋を，オペーク料金（opaque fares：不透明料金）と呼ばれるものを通して販売している．つまり旅行業者は，例えばどの航空会社かどのホテルなのかといったことを表示せずに，売れ残りのチケットをかなりの低価格で売ることで損失を少なくできる．これは，航空会社やホテルが販売する公開価格を「保護」することになる．オペーク料金は，食品雑貨店においてブランド名がつけられた商品と同じものを自社ブランドとして売るようなものである．しかし，オペーク料金は，補助的な収入源とされており，適正なバランスを見つけるのは難しい．不安定な経済において，多くの公開価格がオペーク料金と同程度であれば，プライスラインやホットワイヤー（Hotwire）[24]といったサイトに顧客を惹きつけることは難しい．

◆ 5.4　顧客価値の評価尺度 ◆

　顧客価値は顧客の認識に基づいているため，顧客の側からの評価尺度が必要とされる．代表的な評価尺度として，サービスレベルや顧客満足度などがある．パトリシア・シーボルト[4]は，さらに進んで，現在の顧客数の増加率，顧客維持・離れ，ならびに照会数，獲得費用，顧客の支出比率といった付加的な顧客価値の評価尺度によって企業を管理することを提案している．

　この節の目的は，顧客価値とサプライ・チェインの効率を測定する評価尺度を

紹介することである．特にサプライ・チェインの効率は，顧客価値に対する重要な貢献要素であるため，その評価尺度は重要である．

1) **サービスレベル**：サービスレベルは，企業の市場に対する適合性を定量化するために使われる代表的な評価尺度である．実際には，サービスレベルの定義は企業ごとに異なるが，通常は，顧客の納期に対する要求を満足させる能力を表す．例えば，全受注に対して約束した納期内に発送された受注の比率によって表される．多くの企業は，この評価尺度を今日の市場で成功する能力の一つとして重視し，そのために意思決定支援システムに大きな投資を行って，サプライ・チェイン全体からの情報を分析して正確な納期回答ができるように努力している．

一定のサービスレベルを達成する能力とサプライ・チェインの費用や効率には直接的な関係がある．例えば，需要変動，製造リード時間，情報伝達リード時間によってサプライ・チェインに保管すべき在庫量が決まる．明らかに，特定の商品のサービスレベルを設定する際には，顧客にとってそれが持つ価値を理解しておくことが重要である．例えば顧客にとっては，商品が即時に納入されることよりも，低費用，納品日に関する情報，製品をカスタマイズする能力などのほうが大切かもしれない．このことは，パソコン購入の場合に見て取ることができる．デルの直販モデルでは，パソコンの組立と配送にさらに時間がかかるにもかかわらず，店頭在庫販売より好まれている．

2) **顧客満足度**：顧客満足度調査は，製品やサービスをフィードバックによって改善するためだけでなく，販売部門やセールスマンの成績評価のためにも使われている．ピーポッドの例（事例5-8）が示すように，顧客満足度の情報を得るにはほかに革新的な手法もある．しかし，顧客調査は顧客価値を知る最善の方法ではないかもしれない．ライクヘルド（Reichheld）[25]が指摘しているように，顧客満足度調査に依存することは，誤解を生むこともある．調査は簡単に操作でき，商品のセールスポイントについての調査である場合が多い．しかし，顧客が引き続き商品を購入する可能性について何もふれていない．

実際には，顧客の満足よりも，顧客のロイヤリティのほうがはるかに重要であり，顧客満足度よりも評価しやすい．顧客のロイヤリティは，顧客の再購入パターンを社内のデータベースを用いて分析することによって評価することができる．

事例 5-11

　トヨタのレクサスは，毎年顧客満足度No.1賞を受賞しているが，これが消費者の満足度を測定する最善の方法であるとは見なされていない．レクサスにとって唯一の意味ある満足度は，顧客が再購入することによって示されるロイヤリティである．レクサスは，自動車・サービスを顧客が繰り返し購入することこそ販売店の成功を示す唯一の評価尺度と考えている．各レクサス販売店は，常に本部と情報交換するために衛星アンテナを設置し，このような評価尺度を絶えず追跡している[25]．

　もう一つの調査手段は，顧客離れから学ぶことである．残念ながら，製品やサービスに不満を抱く顧客が一度決めた取引関係を完全に解消することはめったにないため，離れそうな顧客を特定することは容易な作業ではない．そのかわり，顧客は少しずつ購買量を減らしながら次第に離れていくのである．しかし，このような顧客離れは追跡することができるなら，そこに顧客価値を増すための鍵が隠されているだろう．

　もう一つの例としてチャールズ・シュワブ（Charles Schwab）[4]がある．このネット証券会社は，顧客の資産蓄積，顧客満足度，顧客保持率，社員保持率を追跡記録している．これらの尺度に基づいて，管理者と雇用者はインセンティブを受け取るのである．

　3）**サプライ・チェインの評価尺度**：これまでみてきたように，サプライ・チェインの効率は，特に製品が手に入るかどうかという最も基本的な面で，顧客価値を提供する能力に影響する．したがって，サプライ・チェインの効率を測定する独自の基準を開発する必要がある．サプライ・チェインは多くの参加者からなっているため，独自の基準を開発するプロセスと，その評価には共通した言葉が必要であり，明確に定義された評価尺度が必要となってくる．これがまさにサプライ・チェイン運用参照（Supply Chain Operation Reference：SCOR）モデルのような標準化の動機づけとなっている．

　サプライ・チェイン運用参照モデルは，企業の現状と目標を分析し，運用成績を定量化し，それをベンチマークデータと比較するモデルである．このためにサ

5.4 顧客価値の評価尺度

表5.2 サプライ・チェイン運用参照測定基準レベル1

評価項目	測定基準	単位
サプライ・チェインの信頼性	納期遵守率 受注充足リード時間 充足率 受注納期達成度	パーセント 日数 パーセント パーセント
柔軟性と反応度	サプライ・チェイン応答時間 生産量増加に対する柔軟性	日数 日数
費用	サプライ・チェイン管理費用 売上に対する製品保証 従業員1人あたりの付加価値	パーセント パーセント 金額
資産／利用度	在庫日数 現金化サイクル時間 純資産回転数	日数 日数 回

プライ・チェイン協議会は，サプライ・チェインの運用成績の測定基準（メトリクスと呼ばれる）を開発した．そのメンバは，業界別のグループを形成し，サプライ・チェインの運用成績評価の基準となる各業界の最良実績を収集している．サプライ・チェイン運用参照モデルによってサプライ・チェインの運用成績を評価する測定基準（メトリクス）の例を一覧表にしたものを表5.2に示す[26]．

評価したい企業の測定基準を計算すれば，それを該当する業界平均や業界最高クラスのベンチマークと比較できる．それにより，その企業の優位性が明らかになるし，サプライ・チェインを改善する余地を見出すこともできる．

ピィティグリオ（Pittiglio），ラビン（Rabin），トッド＆マクグラス（Todd & McGrath）（PRTM）によって行われた"Overall Business Performance"の調査の中で，評価尺度の例が紹介された[27]．

● **サプライ・チェイン・マネジメント総費用**：これには，発注処理管理，必要な原材料の調達・管理，サプライ・チェインの財務や情報システムの管理にかかわるすべての費用が含まれる．調査によると，業界最高クラスの企業では，総費用は，販売額の4～5％の間である．平均的な企業では5～6％以上である．

● **現金化サイクル時間**：これは，原材料費を支払ってから製品の代金を受け取るまでの日数（供給品の在庫日数＋販売されるまでの日数－原材料の平均支払期間）である．調査によると，業界最高クラスでは30日以内であり，平均的

企業では100日程度になっていることもある．
- **緊急時の生産柔軟性**：予定外の製品を継続的に20％増産するためにかかる日数である．この指標は，最高クラスで2週間以内で，1週間以内という企業もある．企業内部の製造能力や労働力の制限よりも，原材料が入手できるかが主な制約事項となる．
- **配送の要求適応度**：顧客が要求する日にちまでに納品される注文の割合である．調査では，業界最高クラスでは，少なくとも94％で，100％近くに達している企業もある．平均的クラスでは，69〜81％の範囲である．

サプライ・チェイン運用参照モデルは，サプライ・チェインの測定基準のよい例であり，業界内外の他企業と効果的に比較することができる．これには，業界標準になる可能性があるというさらなる利点がある．しかし，デル・コンピュータの事例でみたように，各企業は自社が置かれている環境の独自性から基準を設定する必要もある．例えば，デルは，通常使われている在庫運用成績の評価尺度である在庫回転数は使わず，在庫速度を評価尺度としている（事例5-13参照）．

◆ 5.5　情報技術と顧客価値 ◆

情報技術は，数多くの価値ある恩恵を顧客ビジネスにもたらしてきた．以下でこの点に関して三つの観点から簡単に再検討してみる．一つ目は，顧客と企業間の情報交換である．二つ目は，企業がサービスを顧客需要にさらにうまく適合させるための情報の活用であり，これによって企業は顧客についてより多くを学ぶことができる．三つ目は，企業間取引の拡大の可能性である．

1) **顧客が受ける利益**：顧客サービスは，多くの理由から変化しつつある．その中でも最も劇的なのは，顧客に対して企業，政府，教育機関がそのデータベースを公開したことである．最初は自動応答機とボイスメールによって始められ，インターネットの統一的なデータアクセスツールで大幅に加速された．このような技術革新が顧客価値の増大をもたらし，情報供給源の費用は低減された．まず自動現金支払機（ATM）を設置すれば，行員の数を減らせることに銀行がまず着目した．ボイスメールは，最初は生きた人間との接触を妨げ，人間性を奪うものとばかにされていたが，実際には，人手を煩わせることなく，いつでもそして

どこででもユーザが口座にアクセスすることが可能になった．インターネットは，このような特性をさらに拡大し，ユーザは，いつでもどこからでも，自分の口座にアクセスして銀行と取引できるようになった．顧客と企業間にあった情報の境界がなくなれば，新しい顧客価値の拡大につながる．そこでは情報が製品の一部となっている．

また，インターネットはいくつかの目に見えない影響をもたらした[28]．

- **増大した無形の価値**：顧客は，電話やインターネットによって会ったことのない売り手から高額の製品を買うことに慣れてきた．このような動向は，購買の意思決定に，ブランドおよびサービスやコミュニティでの体験のような無形の価値の重要性が増してきていることを意味する．
- **簡単な接続と断絶**：インターネットは，取引先を見つけることも簡単だが，その関係を絶って新たな取引先を見つけるのも簡単にした．評価尺度や信用データなどの情報が容易に手に入るようになったため，長期的な信頼関係を確立する必要がなくなった．企業は，公開された実績を利用してサービスの質を判断する．このような能力は，主に協力関係の締結に大きな初期投資を必要としない場合に重要である．初期投資が必要な場合は，取引先を頻繁に変更すると，経費や入手可能な資源に大きな影響を与える場合がある．
- **顧客の期待の強まり**：電話やインターネットによって多様な取引と条件の比較が容易になったため，あらゆる種類の事業および企業間取引において，同質のサービスが期待されるようになっている．
- **履歴**：各顧客に個人別の履歴を提供する能力は，インターネットの重要な部分の一つである．アマゾン．コムは，顧客情報を記録し，以前の購入情報に基づいて，本やその他の商品の「お勧め」をしている．マスカスタマイゼーションにより，ユーザは，自分達の好みやサイズを保存しておき，情報を再入力せずに，さまざまな小売店から自分に合う服や靴を注文することができる．

2) **企業にとっての利益**：顧客価値を高める方法の一つは，サプライ・チェインで得た情報を，顧客に対する新たな商品を創るために活用することである．企業は入手可能な情報を活用することによって，ただ単に製品とサービスを生産して販売するだけでなく，顧客の要望を感知し，それに対応できるようになる．実際には，これまで見てきたように，顧客について学ぶには時間がかかり，顧客に

とってもある程度の時間が必要となり，その結果，他の企業に変更されにくくなる．このような学習のプロセスには，購買パターンの相関性を発見する高度なデータマイニング手法から，個々の顧客の好みと詳細購買データを蓄積し，そこから学ぶというやり方まで多くの形態がある．使用する方法は，その業界とビジネスモデルによって決まってくる．小売業界ではデータマイニングが使われるだろうし，サービス業では，次の例のように，個別の顧客の好みと要求事項を追跡することになる．

事例 5-12

1930年代には，軍人が妥当な値段で保険に加入することが困難であった．将校達が保険に加入できるように，ある将校グループが合同サービス自動車協会（United Services Automobile Association：USAA）を組織した．USAAはいまでも現役・退役将校およびその家族のみを対象としたサービスを提供しており，すべての処理を郵便と電話で行っている．USAAは，会員に対するサービスを投資情報サービスや買い物サービスに拡大するために，その膨大なデータベースを活用している．顧客がUSAAに電話すると，自分自身の情報にアクセスでき，その情報は更新され，顧客の要求に合致した多様なサービスが提供される．例えば，顧客がUSAAを通じて購入した（あるいは融資を受けた）ボートを所有していれば，保険にも加入できる[7]．

3) **企業間取引の利益**：デル・コンピュータの事例5-13は，企業が情報技術によって，いかに仕入先とサービス提供業者の業務を改善することができるかを示している．さらに最近では，私有の電子市場（第4章参照）を開設し，デルは，供給業者に対し需要情報と生産データを提供することによってインターネットをサプライ・チェーンでの協力を向上させるために使用している．このように，これらの開発によって，ビジネスの重要な部分を外部に委託しながら，生産または提供するサービスを厳密に管理できる．例えば，戦略的提携は，情報の共有に大きく依存しながら，サプライ・チェーンの効率化を達成できる．

ナラス（Narus）とアンダーソン（Anderson）[29]は，ボルボ（Volvo），GM，オ

ークマ・アメリカ（Okuma America）などの製造業者とこれらの卸売業者間のさまざまな取決めを説明している．そこでは，製造業者と卸売業者間において原価削減につながる在庫情報の共有の取組みが説明されている．第3章で紹介したリスク共同管理の概念から導き出されたこのような取組みによって，製造業者や卸売業者は，あらゆる場所の在庫情報を共有して全体の在庫を削減することが可能となり，その販売経路（チャネル）に属するメンバなら誰でも在庫を共有できるようになる．

事例 5-13

　マイケル・デル（Michael Dell）は，1994年に，次のような単純な考えから，学生寮でコンピュータ事業を始めた．彼は，コンピュータが販売される卸売の経路を排除し，顧客に直接販売し，注文されたコンピュータを組み立てられないかと考えた．この考えは，現在，直販ビジネスモデルと呼ばれ，在庫費用と小売経費を排除できる．このモデルには，彼が彼の企業であるデルを設立したときには見えなかった利点があった．「顧客との関係を築くことができる．そのため，価値のある情報が得られ，この情報を，納入業者と顧客の両方の関係において活用できる．この情報を技術と結合し，主要なグローバル企業の基本的なビジネスモデルを大きく変える基盤を作ることができる」とマイケル・デルは説明している．

　デルのモデルでは，市場で調達できる部品からコンピュータが組み立てられている．コンピュータの部品を製造しないため，資産所有にかかわる負担，研究開発のリスク，労務管理の負担から免れることができる．研究開発のリスクを複数の納入業者に分散でき，企業内部で研究開発した場合よりも非常に早く成長できた．

　デルは，サプライ・チェーンの納入業者，製造業者，卸売業者，ユーザの伝統的な境界を超えて技術と情報を活用した．これは仮想統合と呼ばれている．デジタル・イクイプメント（DEC）のような旧来の企業では，研究，開発，製造，物流のプロセスは垂直に統合されており，すべて社内で行われていた．これは，顧客と綿密に情報交換することによる製品開発を可能にす

るが，変化の激しいコンピュータ業界において，製品開発に伴う高いリスクや費用，そして資産を社内に保有しなければならないという欠点を同時に生んでしまうことにある．仮想統合を活用するために，デル社は納入業者とサービス業者を内部組織のように扱った．納入業者やサービス業者のシステムは，デル・コンピュータのシステムとリアルタイムにリンクされ，納入業者やサービス業者の従業員も設計チームと製品開発に参画した．新技術によって，設計データベースや設計手法を共有し，市場への対応速度を早め，協業は経済的な利益を生んだ．

　デルは，一つの製品が在庫として滞留する平均時間の逆数，つまり在庫速度を計測した．計測は，各部品に日付を刻印して行った．急速に変化するパソコン業界においては，在庫を蓄積することは部品が急速に陳腐化することを意味し，高いリスクを負うことになる．場合によっては，ソニー（Sony）製のモニターのように，デル社としては在庫をまったく持たずに，ソニーのメキシコ工場から UPS サービスやエアボーン・エクスプレス（Airborne Express）を使って輸送し，コンピュータは同社のテキサス州オースチンにある工場から輸送し，これらを組み合わせて顧客に納品している．デル・コンピュータの納入業者にとっては，需要に関するリアルタイムな情報が得られ，一定レベルの購入が約束されるという利点がある．この業績は，非常にすばらしいものである．コンパック，IBM，ヒューレット・パッカードのいずれもが，1998 年の終わりにデル・コンピュータのビジネスモデルの一部をまねた受注生産計画を発表したが，いずれの企業もその転換には苦労している．ほとんどの企業は，目標在庫レベルを 4 週間に設定したが，デル・コンピュータでは，たった 8 日分の在庫で，年間に在庫を 46 回も回転させている．

　顧客に関しては，さまざまな種類の顧客にそれぞれ価値付加サービスを提供できるように，デル・コンピュータは顧客をセグメントに分割している．大口顧客に対しては，顧客が要求する仕様に合わせたパソコンを組み立てて，その運用もサポートしている．また，顧客の要求に応じて，標準ソフトウェアをインストールして，パソコンにその企業の資産であること示すラベルすら貼っている．顧客によっては，パソコンの購買とサービスを支援するオン

サイトチームを用意している．「仮想統合の背後にある全体としての考え方は，顧客ニーズに対して，他のどのビジネスモデルよりも早く効率的に対応することにある．」それと同時に，デル・コンピュータも，市場変化に対して効率よく敏感に対応できるようになっている．デル・コンピュータは，顧客に対して時間を費やし，技術動向を追いながら，変化を先取りし，さらには変化を生み出し，形作ろうとしている[30]．

◆5.6 ま と め◆

　顧客価値の創造は，企業を目標に向かって走らせる原動力であり，サプライ・チェイン・マネジメントは，顧客価値を実現する手段の一つである．デル・コンピュータの事例は，この章の概念の多くをわかりやすく示している．サプライ・チェイン・マネジメント戦略は，顧客価値に影響を与える．サプライ・チェイン・マネジメントは，顧客価値のあらゆる側面への影響を考え，どのような戦略や計画にも一役を担うべきものであり，結果論として考えるべきものではない．顧客価値と企業の市場を一致させる適切なサプライ・チェイン戦略を選択することが重要である．サプライ・チェイン・マネジメントが優れていれば，製品販売時の商品の入手しやすさや選択の幅から価格へに至るまで，多くの面で顧客価値につながる．

　デルの事例におけるサプライ・チェイン戦略は，ビジネスモデルであり，低価格という顧客価値を生み出した．顧客が情報にアクセスして，製品の入手可能性，注文の処理状況，納品などの情報を得られることは必須の条件になりつつある．これは，顧客とその好みを理解する機会を与え，それによって相互作用を行うための新しいモデルが生まれるのである．デルは，この顧客情報を，サービス向上に利用している．

　サービス，関係，体験を付加することは，市場において自社を差別化し，顧客を知る方法である．また，顧客が他企業に奪われにくくしている．デルは，さらに，優れた顧客支援も行っている．IBMなどの旧来のPCメーカーの観察によれば，デルは，より広範囲のオプションも提供しているようだ．例えば，出荷前に

顧客の要求するソフトウェアを組み込んだり，スタッフを常駐させることによるサービスやサポートを行っている．

　顧客価値を測定することは，企業の目標達成にとってきわめて重要であるが，そのための明確な評価尺度を持つことは難しい．例えば，デル・コンピュータは，従来使用されていた在庫回転率ではなく在庫速度を評価尺度としている．

　例えば「夢」や「感動」のように高度な顧客との相互的な体験を提供する専門的能力は，製品を製造し流通させる能力とは明らかに異質のものである．それには他社にない専門技術を必要とするからである．仮想統合を通じてデル・コンピュータはこの概念の適用に成功している．デルは，製品の部品を生産する供給業者である多くの企業と関係を結んでいる．

　このような傾向を，ナイキやサラ・リー（Sara Lee）など，会社名を製造業者の製品に貸し出している企業においても見てきた．

　仮想統合企業は，納入業者との関係に特に注意を払わないと，新技術を取り入れて協力する能力を失うことになる．このことは，企業に対してサービスを提供している側にも当てはまる．また，このような関係をうまく機能させるためには，通信システム，情報と資源の共有，そして適切な刺激が不可欠である．外部調達の上に成り立っているデル・コンピュータは，このような協力を長期間にわたって進めてきている．よって，取引先が達成した業務の品質基準を，自社の基準に確実に適合させるために必要な体験を持っている．

　顧客との緊密な関係なくして本当の顧客価値などあり得ない．今日，これは顧客と直接的な相互関係だけでなく，情報と通信技術によっても実現可能なようだ．顧客の側から好みを語ることができるようにし，そこから学ぶ．つまり，本当の意味の双方向関係によって，企業はより大きな顧客価値と，その結果であるロイヤリティを実現する手段を持つ．デル・コンピュータは，その直販サプライ・チェイン・モデルによって，これを意図することなく達成することができた．同社は顧客との密接な関係がもたらす利点を全面的に活用し，世界最大のコンピュータ販売企業となった．

文　　献

第 1 章

1) Henkoff, R. "Delivering the Goods." *Fortune*, November 28, 1994, pp. 64–78.
2) *The Wall Street Journal*, October 23, 1997.
3) *U. S. Surgical Quarterly Report*, July 15, 1993.
4) *The Wall Street Journal*, October 7, 1994.
5) Anonymous. "Supply Disruptions May Linger as Quake Aftershock." http://www.eetimes.com, September 22, 1999.
6) Davis, D. "State of a New Art." *Manufacturing Systems* 13, 1995, pp. 2–10.
7) Delaney, R., and R. Wilson. "14th Annual State of Logistics Report," 2003.
8) *Journal of Business Strategy*, October–November 1997.
9) Keenan, F. "One Smart Cookie." *Business Week E. Biz*, November 20, 2000.
10) Stein, T., and J. Sweat. "Killer Supply Chains." http://www.informationweek.com, November 9, 1988.
11) Kaufman, L. "Wal-Mart's Huge Slice of American Pie." *New York Times*, February 16, 2000.
12) Stalk, G., P. Evans, and L. E. Shulman. "Competing on Capabilities：The New Rule of Corporate Strategy." *Harvard Business Review*, March–April 1992, pp. 57–69.
13) Mottley, R. "Dead in Nine Months." *American Shipper*, December 1998, pp. 30–33.

第 2 章

1) Artman, L. B. "The Paradigm Shift from 'Push' to 'Pull' Logistics — What's the Impact on Manufacturing？" Northwestern University, Manufacturing Management Symposium, Evanston, IL, May 1995.
2) *The Wall Street Journal*, February 22, 2000.
3) Fisher, M. L., J. Hammond, W. Obermeyer, and A. Raman, "Making Supply Meet Demand in an Uncertain World." *Harvard Business Review*, May–June 1994, pp. 83–93.
4) Clark, T. "Campbell Soup Company：A Leader in Continuous Replenishment Innovations." Harvard Business School Case 9–195–124, 1994.
5) Hartman A., and J. Sifonis. *Net ready*, New York：McGraw-Hill, 2000, pp. 259–263.
6) Stalk, G., P. Evans, and L. E. Shulman. "Competing on Capabilities：The New Rule of Corporate Strategy," *Harvard Business Review*, March–April 1992, pp. 57–69.

第3章

1) Ballou, R. H. *Business Logistics Managment*. 3rd ed. Englewood Cliffs, NJ : Prentice-Hall, 1992.
2) Johnson, J. C., and D. F. Wood. *Contemporary Physical Distribution and Logistics*. 3rd ed. New York : Macmillan, 1986.
3) Robeson, J. F., and W. C. Copacino, eds. *The Logistics Handbook*. New York : Free Press, 1994.
4) House, R. G., and K. D. Jamie. "Measuring the Impact of Alternative Market Classification Systems in Distribution Planning." *Journal of Business Logistics* 2, 1981, pp. 1-31.
5) Patton, E. P. "Carrier Rates and Tariffs." In *The Distribution Management Handbook*, ed. J. A. Tompkins, and D. Harmelink. New York : McGraw-Hill, 1994, chap. 12.
6) Hax, A. C., and D. Candea. *Production and Inventory Management*. Englewood Cliffs, NJ : Prentice Hall, 1984.
7) Blumenfeld, D. E., L. D. Burns, C. F. Daganzo, M. C. Frick, and R. W. Hall. "Reducing Logistics Costs at General Motors." *Interfaces* 17, 1987, pp. 26-47.
8) *The Wall Street Journal*, August 1993.* (Dell Computer ref.)
9) *The Wall Street Journal*, July 15, 1993.* (Liz Claiborne ref.)
10) *The Wall Street Journal*, October 7, 1994.* (IBM ThinkPad ref.)
11) エレック・カンプ社とは，2002年の LogicTools 社（筆者たちの会社）のプロジェクトに基づく仮想の企業である．実際の社名は変えてあり，いくつかのデータは変更されている．

第4章

1) Schrader, C. "Speeding Build and Buy Processes across a Collaborative Manufacturing Network." *ASCET* 3, 2001, pp. 82-88.
2) Quinn, J. B., and F. Hilmer. "Strategic Outsourcing". *Sloan Management Review*, 1994, pp. 9-21.
3) Lakenan, B., D. Boyd, and E. Frey. "Why Outsourcing and Its Perils ?" *Strategy + Business*, no. 24, 2001.
4) Songini, M. L. "Nike Says Profit Woes IT-Based." *Computerworld*, March 5, 2001.
5) Chesbrough, H., and D. Teece. "When Is Virtual Virtuous : Organizing for Innovation." *Harvard Business Review* 74, no.1, 1996, pp. 65-74.
6) Fine, C. H., and D. E. Whitney. "Is the Make-Buy Decision Process a Core Competence ?" Working paper, Massachusetts Institute of Techonology, 1996.
7) Ulrich, K. T. "The Role of Product Architecture in the Manufacturing Firm." *Research Policy* 24, 1995, pp. 419-440.
8) Swaminathan, J. M. "Enabling Customization Using Standardized Operations." *California Management Review* 43(3), Spring 2001, pp. 125-135.
9) Fine, C. H. *Clock Speed : Winning Industry Control in the Age of Temporary Advantage*. Reading, MA : Pereus Books, 1998.
10) Singh, A. Private communication.

11) Kerrigan, R., E. V. Roegner, D. D. Swinford, and C. C. Zawada. "B2Basics." McKinsey and Company Report, 2001
12) Copacino, W. C., and R. W. Dik. "Why B2B e-Markets Are Here to Stay. Part I : Public Independent Trading Exchanges." http://TechnologyEvaluation.Com, March 18, 2002.
13) Johnson, E. M. "Money for Nothing." *CIO Magazine*, September 15, 2000.
14) Hannon, D. "Online Buy Gains Speed." *Purchasing Magazine Online*, February 7, 2002.
15) Varon, E. "What You Need to Know about Public and Private Exchanges." *CIO Magazine*, September 1, 2001.
16) Temkin, B. "Preparing for the Coming Shake—Out in Online Markets." *ASCET* 3, 2001, pp. 102–107.
17) Anonymous. "Idapta : At the Core of E-Markets." *ASCET* 3, 2001, pp. 145–147.
18) Billington, C. "HP Cuts Risk with Portfolio Approach." *Purchasing Magazine Online*, February 21, 2002,
19) Martinez-de-Albeniz, V., and D. Simchi-Levi 2002. "A Portfolio Approach to Procurement Contracts." MIT, Working Paper, 2003.
20) Cachon, G. P. "Supply Coordination with Contracts." in *Handbooks in Operations Research and Management Science*, ed. Steve Graves and Ton de Kok. Amsterdam : North-Holland, 2002.
21) Cachon, G. P., and M. A. Lariviere. "Supply Chain Coordination with Revenue Sharing Contracts : Strengths and Limitations." Working paper, the Wharton School, University of Pennsylvania, 2002.

第5章

1) Sliwa, C. "Beyond IT : Business Strategy Was a Problem, Too." *Computerworld*, January 25, 2002.
2) Fisher, M. L. "What Is the Right Supply Chain for Your Product ?" *Harvard Business Review*, March–April 1997, pp. 105–117.
3) Crawford, F, and R. Mathews. *The Myth of Excellence*. New York : Crown Business, 2001.
4) Seybold, P. B. *The Customer Revolution*. New York : Crown Business, 2001.
5) Ries, A., and L. Ries, *The 22 Immutable Laws of Branding*. New York : Harper Business, 1998.
6) Brynjolfsson, E., and M. D. Smith. "Frictionless Commerce ? A Comparison of Internet and Conventional Retailers." *Management Science* 46, 2000, pp. 563–585.
7) King, J. "The Service Advantage." *Computerworld*, October 28, 1998.
8) Pine, J. B., II, D. Peppers, and M. Rogers. "Do you Want to Keep Your Customers Forever ?" *Harvard Business Review*, March–April 1995, pp. 103–115.
9) Peppers, D., and M. Rogers. *Enterprise One to One*. New York : Doubleday, 1997.
10) Pine, J. B., II, and J. Gilmore. "Welcome to the Experience Economy." *Harvard Business Review*, July–August 1998, pp. 97–108.
11) Leibs, S. "Deskbound for Glory." *CFO Magazine*, March 14, 2002.

12) Agrawal, V., and A. Kambil. "Dynamic Pricing Strategies in Electronic Commerce." Working paper, Stern Business School, New York University, 2000.
13) McWilliams, G. "Dell Fine — Tuned Its Pricing to Gain an Edge in Slow Market." *The Wall Street Journal*, June 8, 2001.
14) Kay, E. "Flexed Pricing." *Datamation* 44, no.2, 1998, 58-62.
15) Cook, T. "SABRE Soars." *ORMS Today*, June 1998, pp. 26-31.
16) Cook, T. "Creating Competitive Advantage in the Airline Industry." Seminar sponsored by the MIT Global Airline Industry Program and the MIT Operations Reseach Center, 2000.
17) Kimes, S. E. "A Tool for Capacity — Constrained Service Firms." *Journal of Operations Management* 8, 1989, pp. 348-363.
18) Duadel, S., and G. Vialle. *Yield Management : Applications to Transport and Other Service Industries*. Paris : ITA, 1994.
19) Federgruen, A., and A. Heching. "Combined Pricing and Inventory Control under Uncertainy." *Operations Research* 47, 1999, pp. 454-475.
20) Chan, L. M. A., D. Simchi-Levi, and J. Swann. "Effective Dynamic Pricing Strategies with Stochastic Demand." Working paper, Massachusetts Institute of Technology, 2001.
21) Yannis, B. J. "The Emerging Role of Electronic Marketplaces on the Internet." *Comm. ACM* 41, no.9, 1998, pp. 35-42.
22) Baker, W., M. Marn, and C. Zawada. "Price Smarter on the Net." *Harvard Business Review* 79, no.2, 2001, pp. 122-127.
23) Streitfeld, D. "Amazon Pays a Price for Marketing Test." *Washington Post*, October 2000.
24) Disabatino, J. "Priceline.com Reports $ 1.3 Million Q4 Loss." *Computerworld*, February 4, 2002.
25) Reichheld, F. F, "Learning from Customer Defections." *Harvard Business Review*, March-April 1996, pp. 57-69.
26) Supply Chain Council. "SCOR Introduction." Release 2.0, August 1, 1997.
27) Geary, S., and J. P. Zonnenberg. "What It Maens to Be Best in Class." *Supply Chain Management Review*, July/August 2000, pp. 42-48.
28) Bovet, D., and Y. Sheffi. "The Brave New World of Supply Chain Management." *Supply Chain Management Review*, Spring 1998, pp. 14-22.
29) Narus, J. and J. C. Anderson. "Rethinking Distribution : Adaptive Channels." *Harvard Business Review*, July-August 1996, pp. 112-120.
30) Magretta, J. "The Power of Virtual Integration : An Interview with Dell Computer's Michael Dell." *Harvard Business Review*, March-April 1998, pp. 72-84.

索引

欧文

ACT マニュファクチャリング（ACT Manufacturing） 90
AOT, Inc. 124

CheMatch 97
ChemB2B. com 97
ChemCross 97
Chemdex 97
ChemicalDesk 97
ChemRound 97

DSSs（decision-support systems） 17

e コマース（e-commerce） 36
e ビジネス（e-business） 36
　定義（defined） 36
　──のためのモデル（models for） 32
e ビジネスモデル（e-business models） 32
e-Chemicals 97
eRoom 128

IBM 4, 6, 67, 91, 98, 130, 146

J. C. ペニー（J. C. Penny） 41, 53

K マート（Kmart） 10, 38, 43, 113

LTL 輸送（less than truckload shipping） 55

MRO（maintenance, repair, operations） 102

NEC コンピュータ（NEC Computers） 90
New Aptiva PC 6

OneChem 97

SCI システムズ（SCI Systems） 90
SCOR モデル（Supply Chain Operation Reference Model） 140
SMC3 57

TL 輸送（truckload shipping） 55

UPS 146
U. S. サージカルコーポレーション（U. S. Surgical Corporation） 6
USAA（United Services Automobile Association） 125, 144

ア行

アキュライド（Accuride, Inc.） 124
アスペクト・デベロップメント（Aspect Development） 99
アップル・コンピュータ（Apple Computers） 88-91
アマゾン．コム（Amazon. com） 32, 33, 37, 47, 119, 122, 126, 137
アメリカン・エクスプレス（American Express） 130
アメリカン航空（American Airlines） 131
アリバ（Ariba） 95
安全在庫（safety stock） 46, 71, 72

意思決定支援システム（decision-support sys-

tems） 17, 18
　ネットワーク設計のための――（for network design） 64
　――の典型的な画面（typical screens of） 52
　複数計画期間のための――（for multipule planning periods） 61
　ロジスティクス・ネットワーク設計のための――（for logistics network design） 63
イーツーオープン（E2Open） 98
一対一企業の考え方（one-to-one enterprise concept） 126
一体化製品（integral product） 93
イングラム・ブックグループ（Ingram Book Group） 37
インターネット（internet） 31, 143
　――と顧客価値（and customer value） 143
　――とサプライ・チェイン戦略（and supply chain strategies） 31
インターネット納品（e-fulfillment） 39
インディヴィジュアル社（Individual, Inc.） 125
インテル（Intel Co.） 4, 91

ウィリアム・W・グレンジャー（William W. Grainger） 116
ウォルグリーンズ（Walgreens） 116
ウォルマート（Wal-Mart） 10, 14, 15, 38-43, 53, 98, 112, 113, 118, 121, 129
売上リベート契約（sales rebate contract） 107, 109
運営費（handling cost） 57
運賃（rates） 56
運賃基礎番号（rate basis number） 57

エアボーン・エクスプレス（Airborne Express） 146
エッグヘッド（Egghead） 118
エレック・カンプ（ElecComp Inc.） 72-80

オークマ・アメリカ（Okuma America） 144
押し出し型サプライ・チェイン（push-based supply chains） 20
押し出し・引っ張り型サプライ・チェイン（push-pull supply chains） 22, 26
押し出し・引っ張りの境界（push-pull boundary） 22, 73
オフィス・マックス（Office Max） 118
オプションレベル（option level） 103

カ　行

外部委託（outsourcing） 16, 87-95
　――か自社製造かの決定（buy/make decisions） 92, 95
　――に関連するリスク（risks associated with） 90
　――の決定の枠組み（decision-making framework for） 92
　――の動機（motivations for） 90
買戻し契約（buy-back contracts） 106, 109
価格決定（pricing） 130
　賢い――（smart） 134
　個別――（customized） 134
　戦略的――（strategic） 130
　動的――（dynamic） 136
　――と顧客価値（and customer value） 123
　――と収益管理（and revenue management） 131
賢い価格決定（smart pricing） 134
緩衝在庫（buffer inventory） 29
間接材料（indirect materials） 102
間接費（overhead） 46
カンバン方式（Kanban） 7

規模の経済（economies of scale） 46, 90
基本契約レベル（base commitment level） 103
キャンベル・スープ（Campbell's Soup） 31, 115
供給契約（supply contracts） 14, 105
供給・需要管理（supply and demand man-

索　引

agement）　31
業務計画（business plans）　8
巨大店舗（megastores）　118

グッドイヤータイヤ（Goodyear Tire & Rubber Co.）　123
組合型電子市場（consortia-based e-markets）　98
グレンジャー（Grainger）　116
クロスドッキング（cross-docking）　11, 15, 40–43,
クロスドックポイント（cross-dock points）　15

計画（planning）　28
　　サプライ・チェインマスタ――（supply chain master）　80
ゲートウェイ（Gateway）　118

航空業界（airline industry）　134
合同サービス自動車協会（United Services Automobile Association）　125, 144
小売業界（retail industry）　38
コカコーラ（Coca-Cola Co.）　138
『「個」客革命』（The Customer Revolution）　128
顧客価値（customer value）　16, 111–148
　　定義（defined）　114
　　――と価格（and price）　121
　　――と継続的な関係（and lasting relationships）　125
　　――と情報技術（and information technology）　142
　　――と製品の選択（and product selection）　117
　　――と戦略的価格決定（and strategic pricing）　130
　　――と卓越性（and excellence）　129
　　――と特別な体験（and unique experience）　128
　　――と付加価値サービス（and value-added services）　123
　　――とブランド名（and brand names）

122
　　――と要求に対する適合（and conformance to requirements）　114
　　――の評価尺度（measure of）　138
顧客区域（customer zone）　53
顧客満足度（customer satisfaction）　139
固定費（fixed cost）　58, 69
コビジント（Covisint）　98
個別価格決定（customized pricing）　134
コマースワン（CommerceOne）　95
コンバージ（Converge）　98
コンパック（Compaq）　4, 91, 130, 146

サ　行

在庫（inventory）　6
　緩衝――（buffer）　29
　　――ポジション（inventory position）　70
最後部（back end）　19
在庫回転率（inventory turnover ratio）　59
在庫管理（inventory control/management）　14, 65
　　――と安全在庫（and safety stock）　72
　　――と需要の不確実性（and demand uncertainty）　68
　　――に影響を与える重要な要素（key factors affecting policy for）　68
在庫転送（transshipment）　44
在庫方策（inventory policy）　67
最前部（front end）　19
最適化（optimization）
　大域的――（global）　4, 12, 17, 81, 107
　ロジスティクス・ネットワークの――（of logistics network）　63
サーキットシティー（Circuit City）　118
サービスレベル（service level）　139
　受容可能な――（acceptable）　68
　要求される――（requirements for）　60, 68
サブウェイ（Subway）　98, 118
サプライ・チェイン（supply chain）　1
　相容れない目標（conflicting objectives in）　4

索引

定義(defined) 1
適切なサプライ・チェイン戦略の発見
　(identifying appropriate strategy for) 24
——の時間軸(supply chain time line) 22
——の性能(supply chain performance)
　129, 140
——の動的な要素(dynamic character of)
　5
サプライ・チェイン運用参照モデル(Supply
　Chain Operation Reference Model) 140
サプライ・チェイン協議会(Supply Chain
　Council) 140
サプライ・チェイン戦略(supply chain
　strategies) 31
サプライ・チェインマスタ計画(supply
　chain master planning) 80
サプライ・チェイン・マネジメント(supply
　chain management)
　システム全体の取組みとしての——(sys-
　　tems approach to) 2
　対ロジスティクス・マネジメント(vs.
　　logistics manegement) 3
　定義(defined) 1
　——と顧客価値(and customer value)
　　112
　——と大域的最適化(and global optimiza-
　　tion) 4
　——と費用対サービスレベル(and cost
　　vs. service levels) 3
　——における主な課題(key issues in)
　　13
　——における不確実性(uncertainty in)
　　3, 5
　——の潜在的利益(potential benefits of)
　　7
　——の目的(objective of) 2
サラ・リー(Sara Lee) 148
サン・マイクロシステムズ(Sun
　Microsystems) 98
サンミナ(Sanmina) 90

シアーズ(Sears) 118
時間軸(サプライ・チェインの)(time line,

supply chain) 22
時間によって変わる需要と費用要因(time-
　varying demand and cost parameters) 5
シーケンシャル・サプライ・チェイン最適化
　(sequential supply chain optimization)
　106
資源の割当(resource allocation) 80
市場仲介機能(market mediation) 115
シスコ(Cisco) 35, 36, 47, 67, 87‑92
施設の候補地(potential facility location) 60
実現可能性(feasibility) 82
資本投資の削減(reduction of capital invest-
　ment) 90
シミュレーション(simulation) 64
シーメンス(Siemens) 4
ジャイアント・フード(Giant Food) 125
ジャストインタイム生産(just-in-time manu-
　facturing) 7
ジャビル・サーキット(Jabil Circuit) 90
シャープ(Sharp) 130, 134
収益管理(revenue management) 131
収益分与契約(revenue-sharing contracts)
　107, 109
集中型施設(central facilities) 46
　対分散型施設(vs. local facilities) 46
集中管理(centralized control) 45
　対分散管理(vs. decentralized control)
　　45
私有電子市場(private e-markets) 98
柔軟性(flexibility) 5, 64, 91
集約された予測情報(aggregate forecasts)
　22
受注生産モデル(build-to-order model) 119
需要(demand) 5‑7
　将来——の予測(estimating future) 61
　——とネットワーク設計(and network
　　planning) 14
　——の不確実性(uncertainty of) 68
需要主導型戦略(demand-driven strategies)
　29
需要創造(demand shaping) 30
需要予測(demand forecasting) 30, 68
情報技術(information technology) 17

——と顧客価値（and customer value）142
情報へのアクセス（access to information）125
食品産業（grocery industry）36
書籍出版業界（book industry）37
ショップリンク．コム（Shoplink.com）33
ショー・ファニチャー・ギャラリー（Shaw Furniture Gallery）32
ジョン・チェンバーズ（John Chambers）88
シリコングラフィクス（Silicon Graphics）90, 127

数量可変契約（quantity flexibility contract）107
スターバックス（Starbucks）116, 118
ストップ＆ショップ（Stop & Shop）125
ストリームライン．コム（Streamline.com）33
スポーツ・オーベルマイヤー（Sport Obermeyer）29
スポーツマート（Sportmart）118

製品（products）93
　一体化——（integral）93
　——に関するデータの集約（aggregating data on）53
　——に関連するサービス（services associated with）123
　——の型（type）54
　モジュール——（modular）93
製品設計（product design）16
ゼネラル・モーターズ（General Motors：GM）26, 27, 66, 120, 144
セレステイカ（Celestica）90, 100
戦略的提携（strategic partnerships）8, 15
戦略的部品（strategic components）101

倉庫（warehouses）57, 59
　——の数（number of）47
総合品質管理（total quality management）7
ソニー（Sony）146

ソレクトロン（Solectron）90, 100

タ 行

大域的最適化（global optimization）4, 12, 17, 81, 107
体験（experiences）127, 128
大量消費製品（functional items）115
ダグ・アイヴェスター（Doug Ivester）138
『卓越性の神話』（The Myth of Excellence）129
ターゲットストア（Target Stores）10, 38, 118, 119, 129
妥当性（validation）61

遅延化（postponement）23
遅延差別化（delayed differentiation）23
チャールズ・シュワブ（Charles Schwab）140
中心となる強み（core strength）90
注文の充足（order fulfillment）28
調達（procurement）16, 95
直接配送（direct shipment）40

定期発注方策（periodic review policies）70
提携（partnerships）8
ディズニー（Disney）128
デイトン・ハドソン（Dayton Hudson Co.）10
デジタル・コンピュータ（Digital Computer）145
データの収集（data collection）52
データの集約（data aggregation）53
デル（Dell Computer Co.）7, 23-29, 34, 47, 67, 90, 98, 112, 119, 121, 125, 130-137, 139-142, 144-148
電子市場（e-markets）96-104
　——が要求される価値（value proposition of）96
　組合型——（consortia-based）98
　私有——（private）98
　——と調達費用の削減（and procurement cost reductions）96

付加価値独立（公共）――（value-added independent（public）） 98
　目録型――（content-based） 98
電子調達（e-procurement） 95
　――に関連するリスク（risk associated with） 102
　――の成長（growth of） 95
　――の枠組み（framework for） 101

トイザラス（Toy 'R' Us） 119
動的価格決定（dynamic pricing） 136
登録料（subscription fee） 97
トヨタ（Toyota） 93
取引型製品（commodity products） 101
取引手数料（transaction fee） 97
ドール（Dole） 9
トレードオフ（ネットワーク設計における）（trade offs, in network design） 51
トレードレンジャー（Trade-Ranger） 98
ドン・ペパーズ（Don Peppers） 126

ナ 行

ナイキ（Nike） 87, 130, 148
ナヴィスター（Navistar International Transportation Co.） 124
ナショナル・セミコンダクター（National Semiconductor） 4, 9, 15
ナビスコ（Nabisco, Inc.） 9

ニコン（Nikon） 130, 134
日産（Nissan） 99
入手のしやすさ（customer access） 116

ネットワーク計画（network planning） 49-86
　定義（defined） 49
ネットワーク設計（network planning/design） 14, 50
　データの収集／集約（data collection/aggregation） 52
　――と意思決定支援システムの重要な必要条件（and key DSS requirements） 64

　――におけるトレードオフ（tradeoffs in） 51
　――におけるモデルとデータの妥当性の検証（model and data validation as step in） 61
　――の目的（objective of） 51
ノーテル（Nortel） 90

ハ 行

配送パターン（distribution patterns） 53
パーキンソン兄弟（Andrew and Thomas Parkinson） 125
バックオーダー（入荷待ち）レベル（back-order levels） 6
バーティカルネット（VerticalNet） 96
バド・マサイセル（Bud Mathaisel） 100
パトリシア・シーボルト（Patricia Seybold） 128, 138
バレット・ラッド（Barrett Ladd） 137
バーンズ＆ノーブル（Barnes and Noble） 37, 38
ビジネスモデル（business models） 32-36
ピーター・ソルヴィク（Peter Solvik） 35, 87
引っ張り型サプライ・チェイン（pull-based supply chains） 21
ピーポッド（Peapod, Inc.） 33, 37, 125, 139
ヒューレット・パッカード（Hewlett-Packard） 7, 113, 146
費用の最小化（cost minimization） 28, 51
ファニチャー．コム（Furniture. com） 32
フィンガーハット・ビジネスサービス（Fingerhut Buisiness Services） 39
フェデラル・エクスプレス（Federal Express） 122
フォード（Ford） 4, 69, 124
フォルクスワーゲン（Volkswagen） 99
付加価値サービス（value-added services） 123

付加価値独立（公共）電子市場（value-added independent (public) e-markets） 98
不確実性（uncertainty） 3, 5, 12
　需要の——（demand） 68
プジョー（Peugeot） 99
ブックス．コム（Books.com） 122
プライスライン（Priceline） 33, 138
ブラックレザーバッグ．コム（BlackLeatherBags.com） 118
ブランド名（brand names） 122
フリーマーケッツ（FreeMarkets） 96
ブルーデニムシャツ．コム（BlueDenimShirts.com） 118
プレクサス（Plexus） 90
フレックストロニクス（Flextronics） 90
プロクター＆ギャンブル（Procter & Gamble：P&G） 8, 15, 69, 115, 121
ブロックバスター・ビデオ（Blockbuster Video） 108
分散型施設（local facilities） 46
　対集中型施設（vs. central facilities） 46
分散管理（decentralized control） 45
　対集中管理（vs. centralized control） 45

ボイジー・カスケード・オフィス・プロダクツ（Boise Cascade Office Products） 130, 134, 137
ボーイング社（Boeing Aircraft） 5
保管費（storage cost） 58
保守・修理・作業（MRO：maintenance, repair, operations） 102
ホットワイヤー．コム（Hotwire.com） 138
ポートフォリオ手法（portfolio approach） 103
ホーム・デポ（Home Depot, Inc.） 11, 118
ボルボ（Volvo） 144
ホワイトタオル．コム（WhiteTowels.com） 118
ホンダ（Honda） 120

マ　行

マイクロソフト（Microsoft） 91, 124

マイケル・デル（Michael Dell） 145
マクドナルド（McDonald's） 116, 130
マーサ・ロジャーズ（Martha Rogers） 126
マーシャル・フィッシャー（Marshall Fisher） 115
マスタ計画（サプライ・チェインの）（master planning, supply chain） 80
マルコーニ（Marconi） 90

三菱自動車（Mitsubishi Motor Co.） 99, 124

目録型電子市場（content-based e-markets） 98
モジュール製品（modular product） 93
モデルとデータの妥当性（model and data validation） 61
モトローラ（Motorola, Inc.） 4, 88

ヤ　行

輸送（transportation） 39, 54
　TL対LTL（TL vs. LTL） 55
　——におけるサプライ・チェイン戦略の影響（impact of supply chain strategies on） 39
輸送費用（transportation costs） 47, 54
　——と倉庫数（and number of warehouses） 47
　——の見積り（estimating） 55

要求される価値（value proposition） 96
予測（forecasting） 6, 68, 69
　集約された——（aggregate） 22
　需要——（demand） 30, 68

ラ　行

ライセンス手数料（licensing fee） 97

リー＆ペリンズ（Lea & Perrins） 9
リスク（risks） 90
　供給契約と——の共有化（supply contracts and sharing of） 106

リスク共同管理（risk pooling） 44, 69, 90
リッツ・クライボーン（Liz Claiborne） 67
リード時間（lead time） 46
リビング．コム（Living.com） 32
リーン生産（lean manufacturing） 7

ルーセント・テクノロジー（Lucent Technologies） 113
ルノー（Renault） 99

レクサス（Lexus） 140
連続補充方策（continuous review policies） 70

ロイヤリティ（customer loyalty） 139
ロイヤル・アホルド（Royal Ahold） 33, 125
ロジスティクス（インターネット納品の）（logistics, for e-fulfillment） 40
ロジスティクス管理協議会（Council of Logistics Management） 3
ロジスティクス戦略（distribution strategies） 14, 40
ロジスティクス・ネットワーク（logistics network） 1, 2, 63
ロジスティクス・マネジメント（logistics management） 3

監修者略歴

久保幹雄（くぼ・みきお）
1963年　埼玉県に生まれる
1990年　早稲田大学大学院理工学研究科
　　　　博士後期課程修了
現　在　東京海洋大学海洋工学部
　　　　流通情報工学科助教授・博士（工学）

訳者略歴

斉藤佳鶴子（さいとう・かづこ）
1971年　神奈川県に生まれる
1994年　青山学院大学経営工学科卒業
現　在　ウィニング・システム代表

斉藤　努（さいとう・つとむ）
1966年　埼玉県に生まれる
1991年　東京工業大学大学院理工学研究科
　　　　情報科学専攻修士課程修了
現　在　株式会社構造計画研究所

マネージング・ザ・サプライ・チェイン　定価はカバーに表示

2005年9月10日　初版第1刷
2015年12月25日　　　第2刷

監修者　久保幹雄
発行者　朝倉邦造
発行所　株式会社　朝倉書店

東京都新宿区新小川町6-29
郵便番号　162-8707
電　話　03（3260）0141
ＦＡＸ　03（3260）0180
http://www.asakura.co.jp

〈検印省略〉

© 2005〈無断複写・転載を禁ず〉

教文堂・渡辺製本

ISBN 978-4-254-27012-9　C 3050　　Printed in Japan

JCOPY 〈(社)出版者著作権管理機構 委託出版物〉

本書の無断複写は著作権法上での例外を除き禁じられています．複写される場合は，そのつど事前に，(社)出版者著作権管理機構（電話03-3513-6969，FAX 03-3513-6979，e-mail: info@jcopy.or.jp）の許諾を得てください．

好評の事典・辞典・ハンドブック

数学オリンピック事典	野口 廣 監修	B5判 864頁
コンピュータ代数ハンドブック	山本 慎ほか 訳	A5判 1040頁
和算の事典	山司勝則ほか 編	A5判 544頁
朝倉 数学ハンドブック［基礎編］	飯高 茂ほか 編	A5判 816頁
数学定数事典	一松 信 監訳	A5判 608頁
素数全書	和田秀男 監訳	A5判 640頁
数論＜未解決問題＞の事典	金光 滋 訳	A5判 448頁
数理統計学ハンドブック	豊田秀樹 監訳	A5判 784頁
統計データ科学事典	杉山高一ほか 編	B5判 788頁
統計分布ハンドブック（増補版）	蓑谷千凰彦 著	A5判 864頁
複雑系の事典	複雑系の事典編集委員会 編	A5判 448頁
医学統計学ハンドブック	宮原英夫ほか 編	A5判 720頁
応用数理計画ハンドブック	久保幹雄ほか 編	A5判 1376頁
医学統計学の事典	丹後俊郎ほか 編	A5判 472頁
現代物理数学ハンドブック	新井朝雄 著	A5判 736頁
図説ウェーブレット変換ハンドブック	新 誠一ほか 監訳	A5判 408頁
生産管理の事典	圓川隆夫ほか 編	B5判 752頁
サプライ・チェイン最適化ハンドブック	久保幹雄 著	B5判 520頁
計量経済学ハンドブック	蓑谷千凰彦ほか 編	A5判 1048頁
金融工学事典	木島正明ほか 編	A5判 1028頁
応用計量経済学ハンドブック	蓑谷千凰彦ほか 編	A5判 672頁

価格・概要等は小社ホームページをご覧ください．